# 재미난 청춘세상

| 이민재 지음 |

미생(未生)이 상생(相生)하여, 완생(完生)이 되는 세상(世上)

한티미디어

# 재미난청춘세상

**발행일** 2022년 6월 10일 초판 1쇄
**지은이** 이민재
**펴낸이** 김준호
**펴낸곳** 한티미디어 **|** **주소** 서울시 마포구 동교로 23길 67 Y빌딩 3층
**등 록** 제 15-571호 2006년 5월 15일
**전 화** 02)332-7993~4 **|** **팩스** 02)332-7995
ISBN 978-89-6421-097-0
**가 격** 13,000원

**마케팅** 노호근 박재인 최상욱 김원국 김택성
**편 집** 김은수 유채원 **|** **내지** 이경은 **|** **표지** 유채원
**관 리** 김지영 문지희

이 책에 대한 의견이나 잘못된 내용에 대한 수정정보는 한티미디어 홈페이지나
이메일로 알려주십시오. 독자님의 의견을 충분히 반영하도록 늘 노력하겠습니다.
**홈페이지** www.hanteemedia.co.kr **|** **이메일** hantee@hanteemedia.co.kr

# 머리말

"대학에서 응용수학을 전공하셨는데, 응용수학이 뭘 배우는 건가요?
전산(電算)을 많이 배우나요?"

미국 뉴욕주 북서부에 있는 작은 도시 로체스터에서 대학을
졸업한 나는 마침 졸업하던 해인 1992년에 뉴욕 맨해튼에 진출해
있던 한 한국계 은행의 미주영업본부에서 직원을 채용한다는 공고
를 보고 지원을 했다. 다행히 서류심사를 통과하고 면접을 보게 됐
는데, 아마도 한국에서 온 면접관들에게는 응용수학이라는 전공이
생소했나 보다. 내가 다녔던 로체스터공과대학(RIT, Rochester Institute
of Technology)은 이공계열 전공이 세분되어 있어 수학전공만 하더
라도 응용수학, 전산수학, 통계수학으로 나뉘어 있었다. 물론 나중
에 채용이 되고 난 뒤에 알게 됐지만, 면접관들은 응용수학이 뭘 배
우는지에 관한 관심보다는 전산, 즉 컴퓨터를 얼마나 아는지에 관
심이 있었다.

각종 업무에 컴퓨터 활용이 일상화되어 가면서 금융권에서도
점점 컴퓨터 사용에 대한 의존도가 높아졌다. 비정상적인 전산 조
작이나 오류로 인한 전산사고가 증가했고 그 규모도 점점 커졌다.

이로 인해 1990년대 초반부터 미국 금융감독국이 각 금융기관에 대한 회계감사만이 아니라 전산감사(EDP Audit)를 강화했고, 금융기관들은 이에 대응할 담당자가 필요해졌다. 전산감사는 은행지점을 대상으로 하지는 않았고 전산시스템을 운영하는 본점을 대상으로 했는데, 미주영업본부가 미국에 진출한 이 은행의 지점들을 관리하는 역할을 하고 있어 대상이 되었다. 하지만 미국에서도 이제 막 시행한 업무라 개념이 명확하지 않다 보니 한국계 은행은 더욱이나 전산감사가 무엇인지, 전산삼사를 받기 위해 무엇을 준비해야 하는지를 알지 못해 이를 담당할 직원 채용에 나선 것이었다.

하지만 난들 알겠는가? 대학에서 컴퓨터구조와 프로그래밍 언어를 조금 배우기는 했지만, 그거와 전산감사가 어떤 관련이 있단 말인가? 그리고 이제 막 대학을 졸업한 사람이 해당 업무를 담당하는 선배도 없이 혼자서 미국 금융감독국의 감사자(Auditor)들을 맞아 어떻게 감사를 받으라는 말인가? 나는 은행이라고 해서 금융(finance)이나 투자(investment)업무를 배우려니 했는데, 듣지도 보지도 못한 전산감사 업무를 맡게 됐고 이렇게 나의 뉴욕 맨해튼 생활이 시작되었다.

당시 27살 한참 때였던 나는 잘 모르는 업무를 해야 한다는 부담보다는 촌 동네인 로체스터를 떠나 대도시 그것도 금융의 중심지인 뉴욕 맨해튼에서 직장을 다니는 게 자랑스럽고 좋았다. 전산감사 업무도 처음 우려와는 달리 미국 금융감독국에서 전산감사를 나와서는 이것저것 지적하기보다는 무엇을 준비해야 하는지를 주로 가르쳐줬다. 아마도 미국 내에서도 시행한 지 얼마 되지 않아, 야단치는 것보다는 독려하는 쪽에 초점을 맞췄던 것 같다. 문제는 무엇을 해야 하는지는 알려줬는데, 어떻게 해야 하는지까지 친절하게 알려주지는 않았다. 미주영업본부 내에는 아는 사람이 없고 해서, 도쿄뱅크나 도이치뱅크와 같은 외국계 은행에 문의했지만, 그들도 나 몰라라 했다. 한국 같았으면 술 한잔하며 형님, 아우 하면 쉽게 해결됐을 텐데.

"구하라, 얻으리라! 두드리라, 열리리라!"라고 했던가? 마침 맨해튼에 있는 뉴욕대학교(NYU, New York University) 대학원에 전산감사학(EDP Auditing)이라는 과정이 있어 뜻하지 않게 대학원을 다니게 됐다. 그리고 당시 같은 대학교 대학원에 유학하며 서양미술을 전공하던 아내를 만나 결혼했다. 가족과 친구가 없는 이국땅에서 딸을 임신하고 출산하고 양육하며 아내는 우울증이 생겼고, 결국 나는 아내와 상의하여 1996년에 미국 생활을 정리하고 한국으로 돌아왔다.

한국에 돌아온 나는 친구의 추천으로 LG그룹과 미국의 EDS라는 회사가 합작으로 설립한 IT서비스 회사인 LG-EDS(현 LG CNS)에 경력사원으로 입사했다. 당시 국내에서는 공공기관의 전산시스템을 구축하는 시스템 통합(System Integration)사업이 한창이었고, 이를 위해 삼성, LG, 현대 등 대형 IT서비스 회사들이 인력을 대거 채용하던 때라 어렵지 않게 채용이 되었다. 대학원에서 전산감사학을 전공하고 은행에서 전산감사 업무를 수행한 내 이력으로 인해 품질경영팀에 배치됐고, 이때 소프트웨어 품질이라는 업무를 배우게 됐다.

LG-EDS에서 소프트웨어 품질 업무를 수행할 때 앞으로 우리 삶에 있어 다양한 분야에서 소프트웨어가 차지하는 비중이 점점 커질 텐데, 상대적으로 소프트웨어 품질에는 별로 관심을 두지 않는 개발자들을 보면서 LG와 같은 대기업에서도 이러면 중소 소프트웨어 개발업체는 오죽하겠냐는 생각이 들었다. 그래서 LG는 품질 업무를 수행하는 전남팀이 있으니 나 하나 없어도 아무 문제 없을 것이므로 나는 중소 소프트웨어 개발업체를 대상으로 소프트웨어 품질을 확보하는 방법을 가르치는 컨설팅을 해야겠다는 당찬 포부를 세웠다. 그리고는 컨설팅 사업을 배우기 위해 설립한 지 5년이 채 안 되는 투이컨설팅이라는 신생 컨설팅 회사의 문을 두드렸다. 당시 몇몇 글로벌 컨설팅 회사에서 스카우트 제의를 받기는 했으나, 내가 추구했던 소프트웨어 품질 관련 컨설팅 업무가 아니라서 거절했다. 투이컨설팅의 대표님께 이메일을 보내 내가 하고 싶은 컨설팅 사업을 제안했고, 다행히 대표님께서 나의 제안을 흔쾌히 받아들여주셔서 2000년 1월 입사를 하게 됐다.

하지만 계획이 있고 의욕이 있다고 해서 사업을 할 수 있는 것은 아니다. 2000년대 초반만 하더라도 전산시스템 구축 사업을 하면 관련 컨설팅은 무상으로 따라온다고 여겼던 시절이라 소프트웨어 품질 확보를 위해 별도의 비용을 들여야 한다는 건 생각도 못 하던 때였다. 그래서 당시 내가 할 수 있었던 건 소프트웨어 품질을 왜 확보해야 하는지 그리고 소프트웨어 품질을 확보하기 위해서는 무엇을 어떻게 해야 하는지를 계속 알리는 것이었다. IT 일간지인 전자신문과 디지털타임스에 꾸준히 기고를 했고, IT비즈니스저널, 컴퓨터월드와 같은 IT 전문지에도 꾸준히 관련 내용을 연재했다. 그리고 이와 함께 투이컨설팅의 기존 고객사들을 대상으로 거의 무상으로 소프트웨어 품질 개선 컨설팅을 수행하고 결과를 정리해서 성공사례로 여러 세미나와 콘퍼런스에서 발표했다. 이러한 노력이 가상해서였을까? 약 1년의 세월이 지나면서 소프트웨어 품질 개선 컨설팅 시장이 형성되기 시작했다. 불모지였던 소프트웨어 품질 개선 컨설팅 사업을 수행하느라 초반에 고생을 많이 했지만, 대신에 컨설팅 사업을 어떻게 수행하는지 빠르게 배울 수 있었고, 개척자로서의 보람도 컸다. 2004년 8월에 지금의 회사인 TQMS를 창업했다. 투이컨설팅에서의 4년여 경험을 통해 컨설팅 사업을 수행하는 방법을 배울 수 있었으나, 당시만 해도 사업과 경영이 다르다는 것을 알지 못했다. 그저 사업을 잘해서 돈을 잘 벌어 직원들에게 연봉을 많이 주고, 대기업 못지않은 복리후생을 제공하면 회사가 잘 굴러가리라 생각했다. 그리고 이 생각이 잘못됐다는 것을 깨닫기까지는 그리 오랜 시간이 걸리지 않았다.

　세월을 거치면서 나는 사업이라는 것이 돈을 버는 게 아니라, 끊임없이 도전하고 창의력을 펼쳐 나가는 것임을 깨닫게 됐다. 미술이나 음악과 같은 예술처럼 개인의 재능을 표현하는 것이다. 왜냐하면, 사업의 핵심은 변화이기 때문이다. 사업과 관련이 있는 것

중에서 변하지 않는 것은 없다. 시장은 달라지고 제품과 서비스는 발전하며, 어제의 경쟁자가 오늘은 동지가 되고 오늘의 동지가 내일은 경쟁자가 된다. 직원들은 들어 왔다가 나가고, 심지어 경쟁자가 되기도 한다. 기업은 변화에 대처하는 방법을 가르치는 몇 안 되는 사회기관이다. 물론 많은 기업이 탐욕과 공격성에 얼룩진 나머지 과정이야 어찌 됐건 결과로서의 이익 추구에만 집착하고 있는 것 또한 사실이다. 하지만 진정한 기업은 소수의 행운아가 아닌 다수를 위해 사회를 간접직으로 발전시키는 하나의 방법이라고 나는 생각한다. 기업은 태생적으로 선악이 결정되는 것이 아니라 경영하기 나름이다. 기업을 건설적인 방향으로 몰고 갈지, 파괴적인 방향으로 몰고 갈지를 결정하는 주체는 바로 나 자신이다. 나는 사람들이 이런 사실을 깨닫고 일을 통해 자기 자신을 표현하거나, 직장을 통해 변화할 수 있도록 돕는 역할을 하고자 한다. 이것이 내가 비영리조직인 재미난청춘세상을 설립하게 된 궁극적인 이유이다.

2022년 5월 눈이 부시게 푸르른 날에
재미난청춘세상 주인장 이민재 두손모음

## 감사의 글

　재미난청춘세상은 더불어 행복한 사회를 만들어 나가기 위해 사회적경제인들 서로의 경험을 나누고, 도우며 서로에게 위안이 되는 공동체입니다. 미생(未生)이 상생(相生)하여, 완생(完生)이 되는 세상입니다.

　재미난청춘세상을 함께 만들어 가시는 분들께 감사드립니다.

　강대성, 강지수, 곽기영, 권경순, 권연순, 권혁원, 권혜인, 김경섭, 김규리, 김명완, 김명희, 김영림, 김일수, 김정은, 김정희, 노인철, 류화실, 박미정, 박서기, 박수찬, 박유범, 배상기, 배성기, 백정연, 변미혜, 서민균, 서재호, 성삼재, 소병순, 손익재, 송정애, 송 활, 안준영, 여은희, 오단이, 오병곤, 우광식, 이달성, 이동현, 이상헌, 이종익, 이준모, 이준용, 이필용, 이혜정, 장량석, 장명찬, 정순진, 장정아, 장지연, 정겨운, 정은호, 정현천, 조순실, 조원미, 최병식, 최성임, 최의팔, 최종섭, 최중석, 최지연, 최한수, 한은경, 한종훈, 홍성실, 홍승일 그리고 이 책이 더 나은 모습으로 세상에 나올 수 있도록 도와주신 한티미디어의 김준호 대표님과 임직원께 감사드립니다.

끝으로 이 책을 읽어 주시는 독자께 감사드립니다. 여러분이 없다면 이 책의 존재 의미가 없을 것입니다. 이 책은 평범한 IT 기업가였던 저자가 사회적기업가 정신을 깨달은 이후 사회적경제 조직인 재미난청춘세상을 설립하게 된 배경과 운영하는 과정을 소개하고 있습니다. 모쪼록 이 책을 통해 사회적경제를 더 잘 이해하게되고, 그 결과로써 여러분들이 앞으로 사회적경제 기업을 조직하거나 사회적경제 영역에서 다른 역할이나 사회혁신가, 지역 활동가, 프로보노, 비영리재단 소속 활동, 사회적경제 직무 분야별 컨설턴트 또는 전문가, 사회적경제 연구자와 같은 비전을 찾는 데 조금이나마 도움이 되기를 바랍니다.

재미난청춘세상은 이제 시작입니다. 여러 일이 우리 앞에 펼쳐질 것입니다. 그 과정에 시행착오도 겪을 것이고, 지금까지 그래왔듯이 잘 헤쳐 나가기도 할 것입니다. 앞으로 10년 후에 재미난청춘세상을 통해 얻은 보람과 성과를 들고 다시 여러분을 찾아뵙겠다고 약속합니다.

# 차례

## 다섯 번째 이야기,
# 재미난청춘세상을 만들어 가는 사람들

"보통의 선생은 그저 말을 하고, 좋은 선생은 설명해주고, 훌륭한 선생은 모범을 보이고, 위대한 스승은 영감을 준다."

**사회적경제 현장에서 사회적 가치를 몸소 실현하고 있는 재미난청춘세상의 멘토 이야기**

—

# 사십춘기

## 四十春期

—

—

"중년에 접어들며 나타나는 갱년기(更年期) 증상이
주로 신체적 변화로 인안 것이라면,
사십춘기는 자기 삶을 돌아보며 회한(悔恨)과 함께
미래를 고민하는 정신적 변화이다.
사춘기(思春期)에 빗대어 붙여진 이름이다."

## 인간은 타인의 욕망을 욕망한다.

프랑스의 정신분석학자인 자크 라캉이 한 말이다. 자기의 꿈과 욕망에 따라 사는 사람들이 과연 몇이나 될까? 어려서는 부모님이 바라는 대로, 학교에 입학해서는 선생님들이 바라는 대로, 커서 직장생활을 할 때면 조직이 바라는 대로, 그리고 결혼하면 배우자와 자식들이 바라는 대로 살아가는 사람들이 대다수일 것이다. 나의 세대는 그랬다.

내 욕망은 없고 타인의 욕망이 마치 내 욕망인 것처럼 착각하고 살다가 어느 순간 자신의 지나온 삶을 되돌아보면서 회한에 젖곤 한다. '나는 지금까지 무엇을 위해 살았는가?', '나는 지금 잘살고 있는 걸까?', '앞으로는 어떻게 사는 게 바람직한가?'처럼 사춘기 증상이 나타나는데, 보통 고혈압, 당뇨, 고지혈증 같은 성인병이 생기는 40대 중반부터 50대 초반에 나타나기에 사십춘기(四十春期)라고도 부른다. 나 역시 예외는 아니었다. 사십 대 후반에 사십춘기 증상을 심하게 앓았다.

초등학교와 중고등학교 시절 반장 아니면 부반장을 도맡아 했을 정도로 모범생이었던 나는 특별한 사춘기 증상을 겪었던 기억이 없다. 무난히 대학까지 졸업하고 남들이 선망하던 대기업에 입사했으며 뜻한 바 있어 창업까지 했으니 순탄한 길을 걸어온 셈이다. 하지만 순탄한 길을 걸어왔던 탓에 창업 후에 내가 마주하게 된 일들은 내 경험 밖의 일이었고 나를 많이 힘들게 했다.

2004년 8월, 내 나이 마흔에 지금의 회사를 창업했다. 머리말에서 언급한 것처럼 특별한 계기가 있었던 것은 아니었고, 인적자원이 부족하고 자금 여력이 없어 소프트웨어 품질은 엄두도 못 내는 중소 소프트웨어 개발 회사들에 소프트웨어 품질을 확보하는 방법을 가르쳐주자는 의협심에 창업한 것이다. 그러다 보니 시장수요는 얼마나 있을지, 사업성은 있을지와 같은 기본적인 조사나 분석은 하지도 않았다. 사실 그런 것을 해야 하는지도 당시에는 몰랐다. 돌이켜 보면 사전 조사가 충분하지 않았기에 기업들이 별로 관심을 두지 않는 소프트웨어 품질 개선 컨설팅이라는 서비스로 창업을 할 수 있었던 것 같다. 몰랐기에 용감했다.

회사를 창업하기 전인 2000년대 초반부터 주요 IT 일간지와 전문지에 소프트웨어 품질의 중요성 및 소프트웨어 품질이 확보되지 않았을 때의 문제들과 해외 사례들을 정기적으로 기고했다. 불러주는 곳이 있으면 세미나든 콘퍼런스든 그리고 지역이 어디든 마다하지 않고 쫓아가 발표도 했다. 회사 창업 이후에도 이런 노력은 계속 이어졌는데, 공공기관이나 금융기관들이 막대한 비용을 투자해 구축한 IT시스템에 문제가 나타나기 시작하면서 산업계에서도 소프트웨어 품질에 관심을 두기 시작했다. 한 군데 두 군데 기업으로부터 소프트웨어의 품질을 개선하기 위한 컨설팅 문의가 들어오기 시작했다. 하지만 새로운 시장을 개척하려니 사업 초반에는 정말 힘들었다. 컨설팅은 IT시스템 구축처럼 눈에 보이는 결과물이 있는 것이 아니고 대부분 교육과 보고서 형태로만 결과물이 남아 기업들이 비용 지급을 꺼렸다. 거기다가 앞선 사례가 거의 없어 자료 대부분을 새롭게 만들어야 했다. 밤을 새우고 주말까지 일하는 날들이 많았으나, 그래도 새로운 사업을 만들어 간다는 성취감에 버틸 수가 있었다.

이런 노력으로 사업이 조금씩 확장하면서 처음 셋이서 시작한 회사에 직원도 하나둘씩 늘어 갔다. 셋일 때는 셋만 먹고살면 되니까 한두 개 사업을 하면서 번 돈으로 월급 주고 좀 많이 벌었다 싶으면 상여금 주고 하면 됐다. 그다지 관리가 필요하지 않았다. 인원이 늘어나니 내부적으로는 매월 감당해야 하는 인건비와 경비가 많아져 세무회계 관리가 복잡해지기 시작했고 직원들에 대한 관리도 필요해졌다. 대외적으로는 더 많은 사업을 수주해야 하니 고객관리와 영업관리도 필요해졌다. 컨설팅 서비스라는 업무 외적으로 신경써야 할 일들이 많아지고, 사장인 나에게 경영 능력이 요구되기 시작한 것이다.

사회 초년생 때 은행을 다니며 조직을 배웠다면 LG-EDS(현 LG CNS)에서 소프트웨어 품질이라는 업무를 배웠고, 투이컨설팅에서 컨설팅 사업을 배웠다. 그런데 여기까지는 나만 열심히 하면 될 일이었다. TQMS라는 지금의 회사를 설립하고 비로소 경영을 배우게 됐는데, 경영은 나 혼자 열심히 한다고 되는 일이 아니었다. 나보고 경영을 한 단어로 정의해 보라고 하면, 나는 서슴지 않고 "관계"라고 말할 것이다. 내가 경험한 경영은 사람 사이의 관계이다. 직원과의 관계, 고객과의 관계 그리고 개인으로서의 나와 회사 대표로서의 나와의 관계이다. 대기업 아니 중견기업만 하더라도 업무기능별 부서나 담당자가 있기에 전문성이 있는 사람들이 각자의 업무를 수행하면 되지만, 우리 같은 중소기업은 대부분 사장이 다 해야 한다. 컨설팅 회사의 사장은 영업 대표이자 컨설턴트이며 인사담당자이자 회계담당자이다. 심지어 사무실 청소도 앞장서서 한다. 물론 대기업처럼 업무영역별로 처리해야 할 업무량이 많지는 않기에 웬만한 업무는 그럭저럭 처리해내지만, 인력관리는 다르다. 사람에 대한 관리는 인원이 적다고 해서 수월한 게 아니다. 특히 나처럼 엔지니어로서 혼자 일하는 데 익숙했던 사람에게는 매우 어려웠다.

회사를 경영하는 것은 결국 사람 사이의 관계를 관리하는 것이다. 회사 직원을 관리하는 방법은 크게 두 가지로 구분해 볼 수 있다. 공자(孔子)와 맹자(孟子)가 주장한 믿음과 의리와 예로써 직원을 관리하는 방법과 순자(荀子)와 한비자(韓非子)가 주장한 법과 원칙에 따라 직원을 관리하는 방법이다. 직원을 믿고 실적이 부족해도 기다려주고 호의를 베풀면 직원도 그만큼의 보답을 한다는 논리와 조직과 직원은 정해진 규칙과 성과에 따라 당근과 채찍으로 엄격하게 다스려야 한다는 논리이다. 대기업 관리체제에 익숙했던 나는 성과지향적 경영자였다. 성과에 따라 연봉과 상여금을 차등 지급하면 직원 간 경쟁심이 조장되어 더 열심히 일할 거라고 생각했다. 대기업에서 전형적으로 사용하는 방법이다.

　문제는 우리 회사가 대기업이 아니라는 데 있었다. 대기업은 인적자원이 풍부하고 필요하면 언제든 신규나 경력직원을 채용할 수가 있다. 대기업 입사를 희망하는 사람들이 많기 때문이다. 따라서 직원을 규칙과 성과에 따라 다루는 게 좋다. 하지만 우리와 같은 중소기업은 특히 전문적인 지식과 경험을 요구하는 컨설팅 조직은 대기업처럼 관리하는 것이 바람직하지 않다는 것을 나중에 깨달았다. 우리 회사는 대기업을 다니다 옮겨 온 직원들이 대다수이다. 그들은 부품화되어 성과에 내몰리고 규율에 얽매이는 게 싫어 우리 회사에 왔는데 여기서도 똑같이 관리한다면 싫을 것이 당연하다. 사람마다 재능이 다르고 사람마다 성격이 다르고 사람마다 우선하는 가치가 다르기에 같은 잣대로 판단하거나 같은 방법으로 관리하면 안 된다. 초보 경영자였던 나는 인간에 대한 이런 기본적인 이해가 부족했다.

## 양심은 지키지 않았을 때 불편해지는 마음

회사 규모기 커지고 사업이 많아진다는 건 그만큼 시장이 형성되었다는 거고 그러다 보니 경쟁사도 속속 등장하기 시삭했다. 다른 산업군도 마찬가지겠지만 컨설팅 시장에서 후발주자가 발을 들여놓는 가장 쉬운 접근법은 인맥을 이용한 영업과 저가 입찰 그리고 편법이다. 미국에서 공부하고 나이 서른이 넘어 한국에 돌아와서는 사업조직도 아닌 지원조직에서 회사 내부조직을 대상으로 업무를 수행했었던 나는 영업이라는 것을 몰랐다. 컨설팅은 전문성이 필요한 것이니 실력이 있으면 사업을 수행하는 데 어려움이 없을 것이라 자만했다. 그동안 소프트웨어 품질 확보의 중요성에 대해 전문지 기고나 외부 발표를 자주 해서인지 나와 우리 회사가 시장에 많이 알려졌다. 그러면서 자연스럽게 컨설팅 문의가 늘어나다 보니 별도의 영업이 필요하다는 생각이 들지 않았다. 실력이 있으면 사업을 수행할 수 있는 것은 맞다. 다만 영업력도 실력이라는 것을 간과했다. 정확히 얘기하면 영업이 무엇인지를 몰랐다.

회사를 창업하고 얼마 되지 않아 국내 모기업으로부터 소프트웨어 품질 개선 컨설팅 제안을 요청받았다. 이름만 대면 다 아는 대기업이었다. 이 회사에서 컨설팅을 수행했다는 자체가 상징성을 가질 만큼 훌륭한 레퍼런스를 확보하게 되는 절호의 기회였다. 제안서 작성에 정성을 다했다. 몇 날 며칠 밤낮으로 제안서를 작성했다. 사업추진 배경, 목적, 범위와 같은 기본적인 내용은 물론이거니와 사업추진 전략 및 방법과 일정을 매우 상세하게 작성했다. 특히 사업추진 방법과 일정은 일주일 단위로 세분화해서 각 주차별로 무엇을 누가 어떻게 진행하고, 그 결과로 어떤 산출물이 만들어지는지를 보여 주는 결과물 예시까지 제안서에 담았다.

제안설명회가 끝나고 발주기관 사업담당자로부터 우리 회사가 선정됐다는 전화 연락을 받았다. 금주 중으로 내부품의를 진행하고 경영진 승인을 받으면 공문으로 사업자 선정 통보를 하고 계약을 진행하겠다고 했다. 그런데 며칠 후 발주기관 담당자가 다시 연락을 해와서는 경영진께 보고를 드렸더니 평가 결과가 석연치 않다며 다시 제안설명회를 하고 재평가하라고 했다는 것이다. 이게 무슨 일인가 싶었다. 바로 며칠 전에 우리 회사가 선정됐다고 알려 준 담당자가 지금 와서 재평가받으라고 하니 황당하고 어이가 없었다. 그렇다고 우리가 이의를 제기할 수 있는 상황도 아니었다. 선정 통보를 공문으로 받은 것도 아니었고, 아니 공문으로 받았다고 해도 대기업이 결정을 번복했을 때 우리 같은 중소기업이 대기업을 상대로 무엇을 할 수 있겠는가? 막대한 변호사 비용을 감당하며 장기간에 걸친 소송을 할 것인가? 소송에 이긴들 이미 밉게 보인 상황에서 사업이나 제대로 할 수 있겠는가? 별수 없이 두 번째 제안 설명회를 했다. 우리가 실력으로 이겼던 만큼 다시 한다고 해서 별 문제가 있겠나 싶었다.

제안 발표를 위해 평가장에 들어가 짧게 인사말을 하고 제안 내용을 설명하며 평가자를 둘러봤다. 지난번 제안설명회 때의 평가자들이 아니었다. 평가위원들이 전원 교체돼 있었다. 우리 회사는 사업자로 최종 선정되지 못했다. 나중에 시간이 지나 알게 된 사건의 경위는 이랬다. 우리 회사가 사업자로 선정됐다고 발주기관 사업담당자가 회사 경영진에게 보고하는 과정에서 이 회사의 전무인 연구소장이 다시 평가하라고 지시했다는 것이다. 당시 우리 회사의 경쟁사에서 전략적으로 영입한 부사장이 이 회사 연구소장과 막역한 선후배 사이였다. 많은 기업이 공공기관 출신의 고위급 관료나 대기업 출신의 임원들을 고문이나 자문역으로 영입하는 이유를 알게 됐다.

컨설팅 받고자 하는 발주기관의 사업담당자는 아무래도 사업을 수월하게 진행하기 위해 이전에 유사 사업을 성공적으로 수행해본 경험이 많고, 시장에서의 평가도 좋은 컨설팅 회사와 함께 일하는 걸 선호한다. 하지만 발주기관 처지에서는 컨설팅 받는 데 들어가는 비용도 무시할 수 없는 요소이다. 그래서 컨설팅 회사를 선정할 때 기술과 가격 두 가지를 평가하는 게 일반적이고 가격 평가 비중이 전혀 작지 않다. 그러다 보니 컨설팅 시장에 뒤늦게 들어온 후발주자들이 시장 진입을 위해 많이 사용하는 방법 중 하나가 저가 입찰이다. 영업이익은 고사하고 손실을 감수하면서도 매우 낮은 가격으로 제안을 한다. 지금 손해를 보더라도 일단 컨설팅 실적을 확보해서 다음 사업의 기회로 삼자는 것이다. 물론 가격 평가 점수가 낮더라도 기술 평가 점수를 상대적으로 높게 받으면 사업 기회를 확보할 수 있겠지만, 현실적으로 쉽지 않다. 어떤 경로인지는 모르겠으나 이미 우리 회사의 제안서와 컨설팅 결과물이 공공연히 시장에 나돌고 있고, 경쟁사도 우수한 인력들을 유치해 준비하기에 어느 정도 시간이 지나면 제안서만으로 변별력 있게 기술력을 평가하기가 어려워진다.

여기에다가 후발주자인 경쟁사에서 발주기관 사업담당자가 매력을 느낄만한 제안을 하기도 한다. 보통 추가 제안이라고 해서 발주기관 사업담당자들을 해외 교육이나 콘퍼런스에 보내준다거나 사업수행에 필요하다는 명분으로 컴퓨터나 고가의 소프트웨어 패키지를 무상으로 제공한다는 내용을 제안서에 담는다. 영업담당자가 발주기관 사업담당자를 만나 계약이 체결되면 섭섭지 않게 보상하겠다는 모종의 거래가 이뤄지기도 한다. 발주기관 사업담당자가 컨설팅 회사 영업담당자를 불러 거꾸로 요구하기도 한다. 컨설팅 사업비용은 점점 낮아지면서 추가로 지급해야 하는 비용은 늘어간다. 한번 단맛을 본 발주기관 사업담당자는 후속 사업을 빌미로 더 많은 것을 요구하고, 이런 욕구를 충족시켜주기 위한 접대가 늘어가며 비정상적인 자금 지출을 위해 비자금을 조성하게 된다. 소프트웨어 품질 개선 사업을 수행하는 컨설팅 회사들이 정작 자신들의 사업 품질은 떨어뜨려 가는 것이다.

우리 회사는 제품이나 시스템을 운영하는 소프트웨어의 품질을 향상시키는 방법을 알려주는 컨설팅 회사이다. 지금은 모든 제품이나 시스템에 소프트웨어가 들어간다 해도 지나친 말이 아니다. 그뿐만 아니라 제품이나 시스템에서 소프트웨어가 차지하는 비중은 점점 더 증가하고 있다. 소프트웨어의 결함은 자동차 급발진 등 치명적 사고로 이어지는 경우도 많다. 그래서 우수한 품질의 소프트웨어를 만들어야 한다. 우수한 품질의 소프트웨어를 만들기 위해서는 소프트웨어를 개발하는 사람의 역량과 소프트웨어를 개발하는 정교한 프로세스 그리고 개발 활동을 지원하는 기술이 상호 유기적인 조화를 이뤄야 한다. 나는 소프트웨어를 제대로 그리고 체계적으로 개발하는 방법을 소프트웨어 개발자들에게 가르쳐 주고 개발자들의 개발 역량을 평가하는 일을 한다.

예를 들어 여러분 조직의 사업이 확장하면서 기존에 수작업으로 관리했던 영업 사항을 전산화할 필요가 생겼다고 가정해 보자. 기존에는 사업 규모가 작아 여러분 조직이 판매하는 제품 품목, 거래처, 거래량, 매출, 비용 및 영업이익 등 영업 관련 기본 정보들을 수기로 관리했었지만 더는 어려워 전산시스템을 도입하기로 했다. 시중에 나와 있는 상용 소프트웨어를 구매하여 사용해도 되지만 여러분 조직은 조직의 환경과 특성을 고려해 전문 소프트웨어 개발업체를 통해 그 조직에 딱 들어맞는 전산시스템을 구축하기로 했다. 몇 개의 소프트웨어 개발업체로부터 제안서를 받아 평가하고 업체를 선정해 전산시스템을 구축했지만, 사용하는 첫날부터 시스템에 여러 오류가 발생한다. 결국 사용을 중단하고 다시 업체를 선정해 재구축하게 됐다.

흔히 주변에서 볼 수 있는 상황이다. 이러한 결과가 나타나는 건 제안서만 보고 소프트웨어 개발업체의 능력을 판단하기가 어렵기 때문이다. IT를 잘 모를 때는 더더욱 어렵다. 그래서 우리와 같은 전문회사에 평가를 의뢰한다. 우리 회사가 발주기관을 대신하여 제안업체들의 소프트웨어 개발 능력을 평가하고 알려주면 발주기관은 우리 회사의 평가 결과와 가격 등을 종합적으로 비교하고 판단해서 개발업체를 선정한다. 그런데 매번 이런 소프트웨어 개발 발주사업이 있을 때마다 평가를 의뢰하게 되면 개발업체 선정에 시간이 많이 소요되고 추가적인 비용도 들어간다. 그래서 발주기관들은 아예 제안평가 항목에 소프트웨어 개발 능력을 평가하는 항목을 포함해 소프트웨어 개발업체들을 평가하고 있다. 소프트웨어 개발업체 스스로 개발 능력을 입증해 보이라는 것이다. 그러다 보니 소프트웨어 개발업체들은 미리 우리 회사로부터 평가를 받아 개발 능력 수준을 부여받는다. 일종의 개발 능력에 대한 성적표를 발급받아뒀다가 발주기관에 제안서를 제출할 때 함께 제출하는 것이다.

소프트웨어 품질 인증이라는 제도 중의 하나인데, 우리 회사가 사용하는 것은 미국에서 개발한 모델이고 미국의 기관에서 인증을 관리한다. 현재 전 세계 100여 개국의 소프트웨어 산업계에서 사용할 정도로 공신력이 있다. 우리 회사와 경쟁사 몇 군데가 미국 기관으로부터 인증심사를 수행할 수 있는 자격을 부여받아 미국 기관을 대신해서 인증을 부여하고 있다. 인증심사를 수행하고 개발 능력 수준을 부여하기 위해서는 따라야 하는 기준과 규칙이 있다. 하지만 인증심사라고 하는 것이 자격을 부여받은 심사원에 의해 이뤄지기에 심사원의 주관적인 판단에 따라 차이가 발생할 수밖에 없다. 만약 어떤 심사원이 인증심사를 요청한 소프트웨어 개발업체와 이해관계가 있어 실제 능력보다 높은 점수의 인증을 부여했다고 해서 이를 밝혀내기는 쉽지 않다. 따라서 심사원에게는 높은 윤리의식이 요구된다.

소프트웨어 개발업체는 자신들의 개발 역량이 부족해도 높은 점수를 받기를 원한다. 그래야 제안 경쟁력이 있기 때문이다. 소프트웨어 품질 개선 컨설팅 사업을 막 시작한 후발주자나 사업을 쉽게 수주하려는 컨설팅 회사와 소프트웨어 개발업체 간 욕심이 마주하는 지점이다. 계약 조건으로 인증을 약속한다.

마이클 샌델은 그의 저서 『정의란 무엇인가?』에서 여러 상황을 들어 독자에게 판단해 보도록 한다. 예를 들어, 기차의 기관사인 당신이 무섭게 질주하는 기차를 운전하고 있는데 앞에 두 갈래 갈림길이 나온다. 왼쪽에는 열 명 남짓한 어린아이들이 기차가 오는 줄 모르고 철길 위에서 놀고 있고 오른쪽에는 당신의 사랑하는 자녀가 놀고 있다. 그런데 당신이 운전하는 기차는 브레이크가 고장이 났고 당신이 할 수 있는 거라고는 방향을 선택하는 것뿐이다. 당신은 어느 방향을 선택할 것인가? 사업을 하다 보면 이런 윤리적

딜레마에 봉착하게 되는 경우가 종종 있다.

회사의 사업 실적이 좋지 않아 자금 운용에 어려움을 겪고 있다. 그래도 매월 월급날은 어김없이 돌아온다. 지난달까지는 은행 대출을 받아 직원 월급을 제때 지급했다. 통장에 잔액이 거의 없다. 더는 돈을 융통할 데도 없다. 이번 달 월급날은 다가오고 있다. 사장인 당신의 속은 시꺼멓게 타들어 간다. 이러한 때에 고객사에서 새로운 사업과 관련하여 협의할 게 있으니 만나자고 한다. 정장을 말끔하게 차려입고 고객사 담당자를 만난다. 고객사 담당자가 은밀한 제안을 한다. 이번에 10억 원 규모의 사업이 발주되는데 우리 회사가 수주할 수 있도록 도와줄 테니, 계약되면 5천만 원만 자기에게 현금으로 달라는 요구이다. 10억 원 매출이면 비록 5천만 원을 주더라도 우리 회사 직원 10명에게 1년 동안 급여를 지급할 수 있는 금액이다. 만약 당신이 사장이라면 어떻게 하겠는가? 양심은 지키지 않았을 때 불편해지는 마음이다. 하지만 욕심이 이를 저버리게 한다.

회사를 창업할 때 돈을 많이 벌어야겠다던가, 회사 규모를 키워 주식 시장에 상장해야겠다는 생각은 없었다. 단지 중소 소프트웨어 개발 회사들에 소프트웨어 품질을 확보하는 방법을 가르쳐주자는 소박한 목표로 창업을 했다. 그런 내가 치열한 경쟁시장에 휘말리면서 먹고 살기 위해 경쟁사의 행태를 어느 순간부터인가 따라 하고 있었다. 내 영혼을 조금씩 갉아먹고 있었다.

## 인문학, 인간 본성에 관한 열정적 탐구

힘든 상황은 갑자기 몰려온다? 아니다. 조금씩 쌓여 오다가 더는 버티기 힘들 때 표면으로 분출하는 것이다. 표면으로 분출하기 전에는 반드시 징후가 나타난다. 이런 징후를 감지하고 대처하는 것도 경영자의 몫이다.

2004년 8월에 회사를 창업하고 처음 5, 6년은 불모지였던 소프트웨어 품질 개선 컨설팅 시장에서 자리매김하기 위해 정신없이 일했다. 창업 초기부터 함께 일했던 직원들만이 아니라 회사가 조금씩 커가면서 한두 명씩 추가로 영입된 직원들도 회사의 성장을 위해 힘을 더했다. 이직자가 한 명도 없을 정도로 의기투합했던 시절이었다. 그러나 이직자가 없다는 것이 모든 직원이 우리 회사에 만족하고 있음을 의미하는 건 아니다.

우리 회사는 사업 성격상 컨설턴트가 약 1년 정도 고객사에 가서 고객사 직원들과 함께 업무를 수행한다. 이런 특성으로 인해 처음에는 우리 회사를 보고 컨설팅을 의뢰했지만, 일정 시간이 지나면 회사보다는 담당 컨설턴트에 대한 의존도가 높아진다. 관계가 형성되는 것이다. 처음에는 소프트웨어 품질을 개선하기 위해 컨설팅을 받는 것에 대해 반신반의했던 고객사들도 컨설팅 결과로써 소프트웨어 품질 인증을 받고 이를 통해 대외 경쟁력을 확보하게 되면 계속해서 소프트웨어 품질 개선 활동을 유지하려고 한다. 그리고 이 과정에 외부 전문가의 도움이 효과적이라는 걸 체험했기에 컨설팅 계약이 만료되면 연장해서 계약하는 경우가 많다. 이때 추가적인 컨설팅 범위나 일정, 비용 등에 대해서는 담당했던 컨설턴트와 자연스럽게 상의하게 된다. 고객사 사업담당자는 우리 회사와 함께 일한다기보다는 우리 회사의 컨설턴트와 함께 일한다는 생각이 더 크기 때문이다.

사람은 정도의 차이는 있겠으나, 누구나 성장의 욕구가 있다. 지난 5, 6년간 우리 회사에서 컨설팅 업무를 수행하며 컨설팅 방법을 익혔고 회사를 경영하는 것도 어깨너머로 살펴봤다. 전문성을 가진 소규모 조직이다 보니 회사를 운영하는 것이 그다지 어려워 보이지도 않는다. 마침 나에게 사업 기회를 주겠다는 고객도 있다. 창업해도 최소한 1년은 먹고살 수 있으니, 사업을 하며 다른 고객을 확보하면 되겠다는 생각이 든다. 아무리 우리 회사가 직원들에게 잘해 준다고 해도 자기가 직접 경영하는 회사만 하겠는가? 또 나이가 들어가면서 직장인이라면 누구나 퇴직 이후에 대해서도 고민하게 된다. 결국은 자기 사업을 해야겠다는 결정을 한다.

나 역시도 나의 계획과 비전을 위해 은행과 대기업을 다니다 이직했고, 컨설팅 회사에서 컨설팅 사업을 배운 뒤에 지금의 회사를 창업했기에 회사 직원들의 창업에 반대하지 않는다. 오히려 본인들의 미래를 위해서도 기회가 되면 창업할 것을 적극적으로 권장한다. 하지만 회사의 고객사를 가로채는 것은 좀 아니지 않은가? 회사도 회사지만 그로 인해 피해를 보게 되는 남은 동료들에게 못할 짓이 아닌가?

회사 창업 후 7, 8년 차부터 직원들이 하나, 둘씩 회사를 떠나기 시작했다. 후발주자 경쟁사들의 공격적인 영업으로 사업 기회가 줄어드는 상황에서 함께 일했던 직원 중 일부가 고객사를 안고 회사를 떠나다 보니, 회사 분위기도 좋지 않고 회사 경영에도 타격을 입기 시작했다. 얄팍한 술수와 편법으로 사업을 하는 경쟁사를 욕하고, 회사를 배신하고 떠난 직원들을 원망했다. 나라고 그들과 크게 다르지 않으면서 모든 문제를 그들의 탓으로 돌렸다. 사업에 대한 회의가 밀려오며 건강에도 적신호가 왔다. 당뇨, 고혈압과 같은 성인병 증상이 나타나기 시작했다. '나는 지금까지 무엇을 위해 살았는가?', '앞으로는 어떻게 살까?' 하는 생각이 들었다. 사십춘기 증상이 나타난 것이다.

그러다 문득 내가 인간을 그리고 세상을 너무 모른다는 생각이 들었다. 그동안 큰 문제 없이 순탄하게 살아 온 탓에 양심적이고 성실하게 다른 이에게 해 끼치지 않고 살면 된다고 생각했다. 하지만 양심적이고 성실하고 남에게 피해를 주지 않는다는 것의 잣대는 지극히 주관적이다. 사람마다 입장의 차이가 있기 때문이다. 지금이라도 인간을, 그리고 세상을 보는 안목을 키워야겠다는 생각이

들었다. 스티브 잡스나 빌 게이츠처럼 내가 몸담은 IT 분야의 뛰어난 경영자들이 인문학의 중요성을 강조하고 있었고, 국내에도 인문학 공부에 대한 붐이 조성되고 있었다.

　인문은 사람의 무늬, 즉 사람이 세상에 남기는 무늬를 의미한다. 따라서 인문학을 공부한다는 것은 사람이 새겨 놓은 무늬를 잘 따져서 그 의미를 해석하는 것으로 인간 본성에 대한 탐구이다. IT 기술은 하루가 다르게 발전하고, 자고 나면 새로운 개념과 용어가 쏟아진다. 나는 IT 분야의 컨설턴트이지만 컨설턴트라고 해서 모든 IT 기술을 다 알 수는 없다. 하지만 고객사 경영진과 얘기하다 보면 최근의 IT 동향과 개념을 설명해야 하는 상황이 자주 발생한다. 그래서 평소에도 IT 관련한 공부는 꾸준히 해야 한다. 그러다 보니 핑계이겠으나 인문 서적보다는 IT 관련 서적을 주로 읽게 된다. 편식했던 탓에 충분한 영양분을 공급받지 못해 사십춘기를 심하게 앓게 됐던 것 같다.

　지금은 고인이 되신 신영복 선생님의 저서 『강의: 나의 동양고전 독법』을 읽고 고전에 매료됐다. 신영복 선생님이 추천하신 고전을 한 권씩 읽다 보니 이미 2, 3천 년 전에 성현들이 나와 같은 고민을 했었고 그에 대한 깨달음을 정리해서 알려주고 있었다. 나는 그동안 오로지 성공하고 출세하기 위해 앞과 위만을 바라볼 뿐, 우정과 사랑과 진리를 나누기 위해 옆과 뒤를 보지 않았다. 멈출 줄 모르는 속도와 낮출 줄 모르는 성장에 갇혀 정신없이 살아오다 보니 계획하지 않았던 멈춤과 의도하지 않았던 속도 저하를 받아들이기가 어려웠다.

공자께서 소(韶)를 일러 말씀하시기를, "아름다움을 다하고(盡美) 또 착함을 다했다(盡善)." 하시고 무(武)를 일러 말씀하시기를, "아름다움을 다하고 착함을 다하지 못했다."고 하셨다. (논어)

공자가 순(舜)임금의 악곡인 소(韶)와 무왕(武王)의 악곡인 무(武)를 감상한 말로, 논어(論語) 팔일편(八佾篇)에 나온다. 원문에는 다할 진(盡)이 아닌 참 진(眞)자를 사용해 진미진선(眞美眞善)이라고 나와 있다.

요(堯)임금에게 자리를 물려받은 순임금은 다시 임금 자리를 우(禹)임금에게 물려주었다. 순임금의 그러한 일생을 음악에 실어 나타낸 것이 소라는 악곡이었다. 순임금이 이룬 공은 아름다웠고 그의 생애는 착한 것의 연속이었다. 그러므로 그 이상 아름다울 수도, 착할 수도 없는 일이었다. 반면, 무왕은 은(殷)나라 주(紂)를 무찌르고 주(周)나라를 창건한 사람이다. 그가 세운 공은 찬란하지만, 혁명이란 방법을 택하지 않으면 안 되었던 그 과정은 완전히 착한 일은 될 수 없었다. 그러므로 아름다워도 동기와 과정만은 완전히 착한 것이 될 수 없었다. 결국 미는 이룬 결과를 말하고 선은 그 동기와 과정을 말한다. 아름다움의 근본은 선이다. 선이 없는 아름다움은 있을 수 없다. 그리고 선은 추(醜)나 악에 빠지지 않는다. 그래서 공자는 완벽한 아름다움이란 선을 바탕으로 이루어진다고 생각하였다. 결과 못지않게 과정을 중요하게 생각했다.

기업이 이윤을 추구하는 것 이외의 다른 일을 할 것이라고 기대하는 것은 우리 문화의 역사와 기존의 관행 그리고 권력구조와 보상체계 전체를 무시한 것이다. 기업경영과 관련한 모든 상식을 무시하는 것이다. 기업은 이윤을 추구하고 마땅히 사회에 환원한다. 아름다운 결과(美)이다. 하지만 이윤을 추구하는 과정에서 담합, 탈세, 비자금 조성, 분식 회계, 갑질, 뇌물상납, 노동 착취와 같은 비양심적인 행위를 저질렀다면 전혀 착하지(善) 않다. 착하지 않으니 아름답지도 않다.

신영복 선생님이 나를 동양고전 속으로 안내해 삶의 방향을 일깨워줬다면, 특정한 종교나 전통적인 사상에 속하지 않는 영적 교사인 에크하르트 톨레는 그의 저서 『삶으로 다시 떠오르기』를 통해 나를 영성(靈性, 인간 삶의 가장 높고 본질적인 부분이며, 진정한 자기 초월을 향한 본질적인 인간의 역동성을 통합하려는 고귀하고 높고 선한 것을 추구하는 삶의 실제)의 세계로 인도했다. 모든 문제와 불행의 원인인 "자기 자신"이라는 감옥에서 벗어나 "지금, 이 순간의 자유와 기쁨"에 이르는 단순하고 심오한 메시지에 매료된 나는 이후 법정 스님과 달라이 라마, 아잔 브라흐마로부터 마음을 다스리는 법을 배웠다.

영적 교사들의 말씀의 결은 조금씩 달랐으나, 결국 만나는 한 지점이 있었다. 자기 삶을 단순하게 만들려는 미미한 시도를 통해 나 스스로가 더 단순하게 살아야, 혹은 그렇게 살기로 선택해야 정말 중요한 모든 면에서 빈곤하고 결핍된 삶이 아닌 풍요로운 삶을

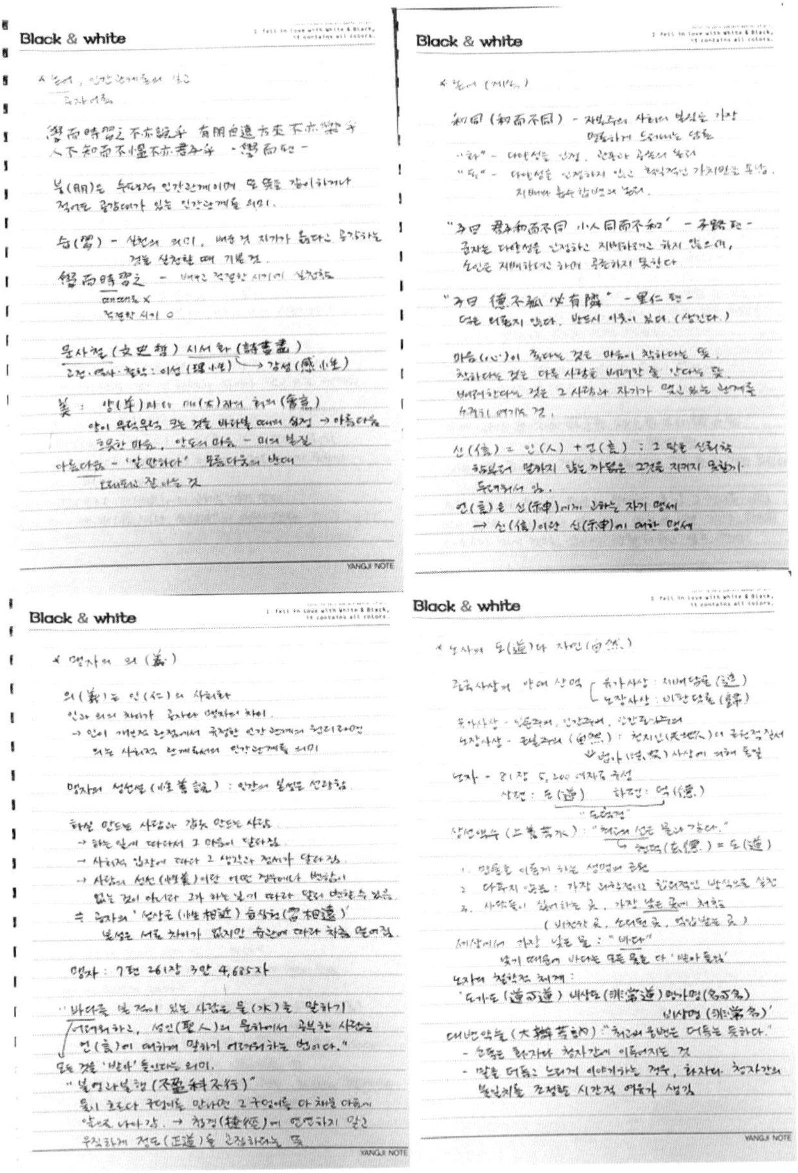


동양고전을 공부하며 공책에 정리했던 내용 중 일부. 2012년

살 수 있다는 것이다. 그리고 내 삶을 단순화하면서 그동안 나로만 향했던 에너지를 타인을 향해 사용함으로써 진정한 행복을 느낄 수 있다는 것이다.

나는 더 이상 경쟁에 내몰리지 말아야겠다고 결심했다. 그것은 마치 한겨울에 두껍게 꽝꽝 언 호수 바닥이 쩽하고 갈라지는 소리처럼 명료한 메시지로 다가왔다. 그동안 내 무의식의 기본 바탕은 경쟁과 승리라는 패러다임에 속해 있었던 모양이다. 내 의식은 아니라고 말하지만 내 무의식은 그것이었나 보다. 심연의 한복판에는 '이곳은 전쟁터이고 날마다 나는 싸워야 하고 그 싸움에서 이겨야 한다.'라는 생각이 나를 강제하고 있었던 모양이다.

그러나 "모든 비즈니스는 고객을 돕는 사업"이라는 것이 올바른 명제라면, 경쟁은 고객을 돕는 힘에서 나와야 한다. 그 힘은 근본적으로 경쟁자들을 이기는 힘이 아니라 고객을 잘 돕는 힘이어야 한다. 우리의 목표는 우리의 경쟁자와 싸워 이기는 것이 아니라, 우리 서비스의 수혜자가 우리에게 환호하도록 만드는 것이다.

모든 언어는 그 속에 사용하는 사람의 의식이 담겨 있다. 경쟁이라는 말은 레드오션에서 피 흘리며 싸워야 하는 사람들이 즐겨 쓰는 각박한 언어이다. 우리는 푸른 바다로 나가야 한다. 다른 사람이 제공할 수 없는 것, 우리만의 차별성, 늘 바라고 있었지만, 그동안 충족되지 않았던 새로운 수요를 창조하는 힘, 그것은 경쟁이 아니라 고객에 대한 공헌이다. 영향력은 무엇을 얻을 수 있는지에서 오는 것이 아니라 무엇을 줄 수 있는지에 의해 결정된다. 재능이 많으면 재능을 기부할 수 있다. 그때 선한 영향력을 갖게 된다. 돈이 많으면 돈을 나누어줄 수 있고, 젊음이 있으면 젊음을 나누어줄 수 있다. 아이디어가 있으면 아이디어를 나누어줄 수 있고, 정보가 있으면 정보를 줄 수 있다. 가지고 있는 것, 그 자체로는 힘이 되지 않는다. 그것을 먼저 자신을 위해 쓰고, 사랑하는 사람을 위해 쓰고, 나아가 그것을 필요로 하는 사람들에게 나누어줄 때, 그것은 힘이 된다.

무엇이든 내가 가지고 있는 강점이 다른 사람과의 싸움을 전제로 한 전투 무기가 아니라 참여해 도울 수 있는 나만의 차별적 공헌을 의미할 때, 우리는 함께 일할 수 있고 즐길 수 있고 혼자서 할 수 없는 새로운 것을 더불어 창조해낼 수 있다. 경쟁은 친구를 만들기 어렵지만, 공헌은 누구와도 친구가 될 수 있다.

사십춘기에 접어들며 삶의 염증을 느꼈던 내가 앞으로 어떻게 살 것인지에 대한 해답을 조금씩 찾기 시작했다. '어떻게 살 것인가?'라는 다소 추상적인 질문을 시작으로 나의 삶을 역사적으로, 전체적으로 그리고 내부로부터 들여다보게 해줬다. 덕분에 문제를 스스로 인식할 수 있었고, 핵심을 바라볼 수 있었다. '어떻게 살 것인가?'라는 단순한 질문은 구체화하여 '어떻게 사는 것이 나답게 사는 것인가?', '가치 있게 살려면 어떻게 해야 할까?', '어떤 삶이 행복한 삶인가?' 등의 질문으로 이어졌다. 그리고 자연스럽게 질문에 답을 줄 수 있는 책들을 찾아 읽었다.

물론 내가 인문학 공부를 통해 이런 깨달음을 얻는다고 해서 우리 회사의 사업이 더 잘되는 건 아니다. 경쟁사의 치졸하고 편법적인 영업 방식이 바뀌거나 오랜 기간 나와 함께 일했던 직원들이 고객사를 가로채서 퇴직하는 일이 일어나지 않는 건 아니다. 하지만 그들을 탓하기 전에 인간 본성을 이해하고 나 자신을 성찰함으로써, 이미 발생한 사건으로 인해 스트레스를 받는 건 줄일 수 있다. 경쟁사의 영업 방식이 치졸하다거나 직원들이 배신했다고 생각하는 것은 결국은 내 관점이지 그들의 관점은 아니기에 내가 아무리 그들을 원망하고 욕을 해도 바뀌는 건 없다. 나만 마음의 상처를 입을 뿐이다.

무슨 일을 하든지 놓아 버리는 마음으로 하라.
조금 놓으면 조금 평화로워질 것이고, 많이 놓으면 많이 평화로워질 것이다.
완전히 놓아 버리면 완전한 평화와 자유를 알게 될 것이다.
세상과의 싸움이 끝날 것이다.

아잔 차

인간은 외적 목표인 물질적 욕구와 내적 목표인 정신적 욕구의 경계에서 방황한다. 부, 명예, 권력과 같은 외적 목표의 달성이 행복을 가져다준다고 생각하고 이를 얻기 위해 젊은 시절 많은 것을 희생한다. 그러나 이러한 목표를 달성했다 해도 행복감은 잠시뿐이고 왠지 모를 허탈감에 빠져든다. 정신적 욕구의 충족과 같은 내적 목표가 없었기 때문이다. 예를 들어 우리는 같은 비용을 들여 명품 프라다 가방을 사거나 2박 4일 프라하 여행을 갈 수 있다. 프라다 가방을 사는 것은 소유를 위한 소비이고 프라하로 여행을 가는 것은 경험을 위한 소비이다.

독일의 사회심리학자인 에리히 프롬은 소유를 위해 소비를 하면 소유한 순간 행복감은 높지만 이내 사라지는 반면, 경험을 위해 소비를 하면 경험은 계속 회상할 수 있어 행복감이 오래 지속된다고 하였다. 나는 이것을 깨닫는 데 오래 걸렸디. 젊은 날의 나는 프라하 대신 프라다를 선택했었다.

## 라이프 로드맵 2020

사십춘기를 심하게 앓던 2012년과 2013년 2년간은 내 삶에 있어 인문학 서적을 제일 많이 읽었던 때이다. 고전철학을 통해 '인간이란 무엇인가'를 탐색했고, 인간이 살아가는 이야기를 담은 문학 작품을 통해 인간 존재에 대한 이해를 높였으며, 인간이 어떻게 살아왔는지를 알려주는 역사는 내게 앞으로 어떻게 살아갈 것인지에 대한 이정표를 제시했다. 이러한 배움과 이해는 나에게 세상을 바라보는 새로운 시선을 갖게 했다.

몸살감기가 심해 약국에 약을 사러 가기 전까지는 우리 동네에 약국이 그렇게 많았는지 몰랐던 것처럼 그동안 은연중에 흘려보냈던 우리 주변의 비양심적인 행위들이 크게 드러나 다가왔다. 뉴스만 틀면 연일 사건과 사고가 끊이지 않았고, 기득권층의 도를 넘는 비리들이 쏟아져 나왔다. 우리 사회가 안고 있는 문제 해결을 위해 무언가 힘을 보태고 싶었으나, 무엇을 하는 게 좋을지 방향을 잡지는 못했다.

2014년 4월 16일은 기억조차 떠올리기 싫은, 하지만 우리가 잊어서는 안 되는 세월호 참사가 일어난 날이다. 2014년 4월 15일 인천 연안여객터미널을 출발, 제주로 향하던 청해진해운 소속 여객선 세월호가 4월 16일 전남 진도군 병풍도 앞 인근 해상에서 침몰해 304명의 사망 및 실종자가 발생한 대형 참사다. 이 사고로 탑승객 476명 가운데 172명만이 생존했고, 304명의 사망 및 실종자가 발생했다. 특히 세월호에는 제주도로 수학여행을 떠난 안산 단원고 2학년 학생 325명이 탑승해, 어린 학생들의 피해가 컸다. 세월호는 4월 16일 오전 8시 50분경 급격한 변침(變針, 선박 진행 방향을 변경)으로 추정되는 원인으로 인해 좌현부터 침몰이 시작됐다. 그러나 침몰 중에도 선내에서는 "가만히 있으라!"라는 방송만이 반복됐고, 구조 작업은 이뤄지지 않았다. 이처럼 세월호 참사는 엉뚱한 교신으로 인한 초기 대응 시간 지연과 선장과 선원들의 무책임함 그리고 해경의 소극적 구조와 정부의 뒷북 대처 등 총체적 부실로 최악의 인재(人災)로 이어졌다. 어른들의 욕심과 비양심적인 행위가 많은 어린 학생들을 죽음으로 내몰았다. 공교롭게도 지금 이 글을 쓰고 있는 오늘이 2021년 4월 16일로 사고가 난 지 만 7년이 되는 날이다. 그동안 검찰을 비롯해 여러 조사 주체가 세월호 참사에 대한 진상 규명에 나섰음에도 여전히 참사 당일 구조 과정 등의 의혹이 해소되지 않고 있다.

2014년은 내 삶에 있어 새로운 표지가 세워진 해이다. 지난 반백 년의 세월(歲月)을 돌아보고 앞으로 살아갈 반백 년의 세월(歲月)을 바라보며, 의미 있는 삶을 그려보던 내게 세월(世越)호 사고는 내 인생관에 영향을 주었다. 지금까지 내가 살던 세상을 초월하여 새로운 삶의 방향과 가치관을 갖도록 해주었다. 기성세대의 비양심적인 행위로 인해 발생하는 우리 사회의 문제를 언제까지고 보고만 있을 수는 없었다.

마하트마 간디가 "세상의 변화를 원하면 스스로 그 변화의 주체가 돼라."라고 말했듯이 우리 사회의 문제를 해결하기 위해 내가 할 수 있는 일을 적극적으로 찾았다. 하지만 안타깝게도 나와 같은 기성세대로 인해 발생한 사회적 부조리와 문제들은 이미 그 안에 깊숙이 들어와 있는 우리가 바로잡기에는 어려움이 있다. 가치관이 굳어진 기성세대를 바꾸기가 어렵기 때문이다. 따라서 앞으로 우리 사회의 주역이 될 청소년이 바로잡아야 한다. 그러려면 청소년이 올바르게 커 줘야 하는데, 가정과 사회적 환경이 어려워 올바로 커 나가는 것이 힘든 청소년이 많다.

여성가족부는 2015년 말 기준으로 학교 밖 청소년을 약 39만 명으로 추산했는데, 이 1%의 학교 밖 청소년이 전체 청소년 범죄의 40%를 저지른다고 한다. 학교 밖 청소년의 절반 이상은 학교를 그만둔 것을 후회하고 있고 자기들에 대한 부정적 인식 개선과 검정고시, 건강검진, 직업훈련 등의 지원을 원하고 있다. 학교 밖 청소년을 지원하기 위해 중앙정부 산하단체나 지방자치단체별로 센터를 운영하거나 일부 뜻있는 사람들이 사비를 들여 대안학교 등을 운영하고 있다. 정부나 지방자치단체가 운영하는 청소년 지원시설보다 민간이 운영하는 대안교육 시설이 학업을 중단했던 청소년의 향후 계획에 대한 성취도가 높은 것으로 나타나고 있으나, 비용 문제로 인해 대안학교들이 학교 밖 청소년을 수용하는 데에는 한계가 있다. 그래서 나는 비록 미약할지언정 힘을 보태자는 취지로 가정과 사회적 환경이 어려워 도움이 필요한 청소년을 위한 무료 직업훈련학교를 설립하고 운영해야겠다는 목표를 세웠다. 실상도 모르면서 '어떻게 되겠지'하는 막연한 생각이었다. 몰랐기에 또 한 번 용감했다.

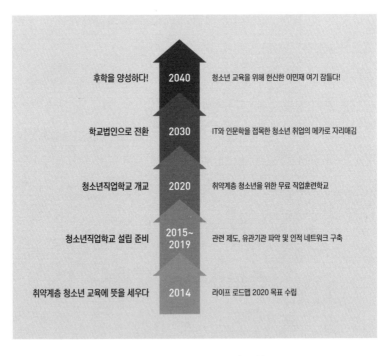

| | | |
|---|---|---|
| 후학을 양성하다! | 2040 | 청소년 교육을 위해 헌신한 이민재 여기 잠들다! |
| 학교법인으로 전환 | 2030 | IT와 인문학을 접목한 청소년 취업의 메카로 자리매김 |
| 청소년직업학교 개교 | 2020 | 취약계층 청소년을 위한 무료 직업훈련학교 |
| 청소년직업학교 설립 준비 | 2015~2019 | 관련 제도, 유관기관 파악 및 인적 네트워크 구축 |
| 취약계층 청소년 교육에 뜻을 세우다 | 2014 | 라이프 로드맵 2020 목표 수립 |

라이프 로드맵 2020. 2014년 12월

2014년이 저물어 가는 12월 어느 날, 나는 가족에게 취약계층 청소년을 대상으로 하는 무료 직업훈련학교를 설립하겠다는 나의 "라이프 로드맵 2020"을 들려줬다. 모두 놀라는 듯했으나 실제 '뭘 하겠냐?' 싶었는지 큰 반대는 없었다. 2020년에 청소년을 위한 무료 직업훈련학교를 개교하겠다는 목표는 뚜렷한 계획에 따라 설정한 것은 아니었다. 2020년이라는 연도가 주는 느낌이 좋았고, 준비하는데 그래도 5년 정도는 필요하겠다는 다소 비계획적인 감이었다. 무엇보다도 당시 대학교 1학년이었던 딸과 고등학교 2학년이었던 아들이 대학을 졸업할 때까지는 뒷바라지해야 하니 최소 5년간은 사업을 열심히 하며 돈을 벌어야겠다는 생각이 컸었던 것 같다.

인간은 본질적으로 '길을 가는 사람'이다. 공간의 이동만이 아니라 현재에서 미래로의 이동, 탄생에서 죽음까지의 과정도 길이다. '호모 비아토르(Homo Viator)'라고 하는데 떠도는 사람, 길 위의 사람이라는 뜻이다. 삶의 의미를 찾아 길을 떠나는 여행자, 한곳에 정착하지 않고 방황하며 스스로 가치 있는 삶을 찾아 나서는 존재를 가리킨다. 호모 비아토르는 길 위에 있을 때 아름답다. 꿈을 포기하고 한곳에 안주하는 사람은 비루하다. 집을 떠나 자신과 대면하는 시간을 가진 사람만이 성장해서 집으로 돌아온다.

그 어떤 길도 수많은 길 중 하나에 불과하다. 그러므로 우리는 자신이 걷고 있는 길이 하나의 길에 불과하다는 것을 명심해야 한다. 그리고 그 길을 걷다가 그것을 따를 수 없다고 느끼면 어떤 상황이든 그 길에 머물지 말아야 한다. 마음이 그렇게 하라고 한다면 그 길을 버리는 것은 나 자신에게나 다른 이에게나 전혀 무례한 일이 아니다.

자기 자신에게 이 한 가지를 물어보라. '이 길에 마음이, 영혼이, 열정이, 그리고 생각이 담겨 있는가?' 마음이 담겨 있다면 그 길은 좋은 길이고, 그렇지 않다면 그 길은 무의미한 길이다. 마음이 담긴 길을 걷는다면 그 길은 즐거운 여행길이 되어 우리는 그 길과 하나가 될 것이다.

죽는 날까지 자신이 가야 할 길을 선택하는 것이 삶이다. 따라서 자신이 걸어가는 길에 확신을 가져야 한다. 그 길에 기쁨과 설렘이 있어야 한다. 그리고 세상 사람들과 자신의 다름을 담담히 받아들일 수 있어야 한다. '길'의 어원이 '길들이다'임을 기억하고 스스로 길을 들여 자신의 길을 만들어 가야만 한다. 익숙한 것과 결별하고 내가 옳다고 느끼는 길을 정답으로 만들어 가는 것이 나의 인생이다. 다수가 선택하는 길을 벗어난다고 해서 낙오되는 것이 아니다. '보편적'이라는 기준이 오류를 면제해 주는 것은 아니다.

마음이 담긴 길을 걸으려면 편견의 반대편에 설 수 있어야 한다. 모두에게 사랑받고 모든 사람이 나의 여행을 이해하리라 기대하지 말아야 한다. 나의 길이지 그 사람들의 길이 아니기 때문이다. 남의 답이 아니라 자신의 답을 찾는 것이 호모 비아토르이다.

마음이 담긴 길을 걷는 사람은 행복을 추구하는 것이 아니라 행복과 나란히 걷는다. 행복은 목적지가 아니라 여정에서 발견되는 것이기 때문이다. 행복의 뒤를 쫓는다는 것은 아직 마음이 담긴 길을 걷지 않고 있다는 것이다. 내가 누구이든 어디에 있든 가고 싶은 길을 가야 한다. 그것이 마음이 담긴 길이라면 말이다. 마음이 담긴 길을 갈 때 비로소 자아가 빛난다.

류시화

—

# 감정과 열정 사이

—

—

"순간적인 감정(感情)이 아닌 책임지는 열정(熱情)으로,

열정은 빈도(頻度), 강도(强度), 기간(期間)이 필요하다."

## 사회복지대학원에 간 공학박사

나는 스스로에 대한 책임감을 북돋우기 위해 주변의 지인들에게도 나의 새로운 꿈과 계획을 나눴다. 어려운 처지의 청소년을 위해 무료 청소년직업학교를 설립하겠다는 나의 이야기에 대다수가 "어떻게 그런 생각을 하게 됐느냐?", "대단하다!"라며 나중에 자기들도 어떤 형태로든 돕겠다고 했다. 하지만 그뿐이었다. 아마도 그들에게는 내 얘기가 다소 황당하게 들렸거나, 정말 말처럼 내가 실행하는지 그때 가서 보자는 생각이었을 것이다. 이렇게 무관심한 반응 속에 시간만 흘러갔다. 그동안 우리 사회의 문제를 뉴스에서나 접했던 나였던지라 무엇을 어디서부터 출발해야 할지를 몰랐다. 평생을 IT 분야에서 일하면서 사회활동 관련 지식이나 경험이 부족했고 주변에 도움을 받을 만한 사람도 마땅히 없었다.

그러던 2016년 봄의 어느 날, 내 앞으로 발송된 이메일을 무료하게 뒤적이다가 눈길을 사로잡는 이메일이 하나 있었다. 숭실대학교 사회복지대학원으로부터 내게 날아든 대학원생 모집 안내메일이었다. 숭실대학교 일반대학원에서 소프트웨어공학으로 박사학위를 취득하며 자연스럽게 동문이 된 탓에 이전에도 학교로부터 여러 이메일을 받기는 했다. 주로 동문 활동과 관련한 행사 안내라 평소에는 거의 읽지 않았는데, 그날은 관심이 갔다. 그리고 그해 가을학기에 사회복지대학원에 입학했다. 사회복지에 대한 학습과 사회복지 현장에서 활동하고 있는 교수님들과 대학원 동기들을 통해 나의 계획을 보다 현실적인 방향으로 구체화할 수 있겠다는 판단에서였다. 내 나이 쉰한 살 때였다.

사회복지대학원에서의 배움은 흥미로웠다. 『사회복지개론』, 『사회복지행정론』, 『사회복지실천론』 등과 같이 사회복지와 관련한 전반적인 교과과정만이 아니라 『사회복지 윤리와 철학』, 『인간행동과 사회환경』, 『청소년 심리 및 상담』 등 내가 평소에 접하지 못했던 내용이었다. 수업 진행 또한 교수님이 추천해 주신 책을 읽고 독후감 쓰기, 주제별 모둠활동 및 발표, 사회복지 현장 방문 및 인터뷰, 해결중심접근에 기반을 둔 면접과 의사소통 방법을 사용하여 자녀와 대화하고 느낀 점 쓰기, 자신에 대한 이해 보고서 쓰기와 같이 사실에 근거한 답만을 찾는 것이 아니라, 나와 우리 사회에 대해 많은 생각을 하고 성찰해 보는 방식이었다. 이공계열에서 주로 혼자 공부하는 방식에 익숙했던 내게는 다소 생소했지만, 이러한 공부 방식이 나에게 세상을 바라보는 새로운 관점을 갖게 해줬다.

대학원 첫 학기에 『사회복지 윤리와 철학』이라는 과목을 수강하는데, 담당 교수님께서 내주었던 과제는 지금도 생생하게 기억이

난다. 두세 명씩 짝을 지어 평소에 잘 모르거나 편견을 갖고 있던 사람들, 예를 들자면 성매매 종사자, 동성애자, 빈곤자, 학대자, 범죄자, 사이비 종교인을 만나 인터뷰를 하고 느낀 점과 실천 방안을 정리해서 제출하는 과제였다. 나는 당시 나와 한 조였던 조원의 소개로 유흥업소에서 호스티스로 일했던 경험이 있는 한 여성을 인터뷰할 수 있었다.

H양은 전라도 목포 출신이다. H양이 4살 때, 엄마가 지금의 아빠와 재혼했다. 엄마가 분식집을 하며 생계를 꾸려 갔고 새아빠는 그저 엄마의 일을 거들 뿐이었다. 새아빠는 평소에는 온순한 편이었는데, 술을 마시면 폭력적으로 변했다. H양은 어린 시절을 돌이켜 보면 그다지 행복했던 기억이 없다. 궁색한 살림살이에 하루가 멀다고 술 마시고 행패를 부리는 아빠 그리고 결코 가까워질 수 없었던 배다른 오빠와 언니. 그런 H양에게 그래도 힘이 되어 준 건 지금도 연락하고 가깝게 지내는 동네 친구들이었다.

H양은 지방의 한 전문대학에서 웹 디자인을 공부하고 직장을 찾아 서울로 왔다. 그러나 직장을 구하는 것이 생각처럼 쉽지 않았다. H양처럼 지방의 전문대 출신은 더욱 어려웠다. 돈만 까먹다가 안 되겠다 싶어 고향 친구들에게 조금씩 돈을 빌려 조그만 광고기획사를 창업했다. 전단지류를 디자인하고 제작해 주는 회사인데, 처음에는 지인들의 도움을 받아 생활비 정도는 벌었지만 오래 가지는 못했다.

생활고에 시달리다 웹 디자인하는 중소기업에 취직이 됐다. 웹 디자인은 원체 경쟁이 치열한 분야라 일 년에도 회사 몇 개씩 문을 닫곤 한다. H양이 취직한 회사는 당장 문 닫을 정도는 아니었지만, 그렇다고 사업이 썩 잘되는 편도 아니어서 월급이 매우 적었다. 당시에 세금 제하고 1백만 원 조금 넘게 받았는데, 그 돈으로 집세 내고 엄마께 용돈 보내 드리고 나면 생활비도 빠듯했다.

H양에게는 마음의 짐이 있었는데, 그건 고향 친구들에게 빌린 돈을 빨리 갚아야 한다는 것이었다. 친구들은 괜찮다고 천천히 갚으라고 하지만, 친구들 처지를 뻔히 알면서 마냥 늦출 수만은 없었다. 하지만 생활비도 없는 상황에 어떻게 갚겠는가? 그러던 차에 H양이랑 같은 회사에 다니는 1년 어린 후배가 '혹'하는 제안을 해 왔다.

"언니, 내가 요즘 밤에 알바로 바(술집)에서 일하는데 수입이 괜찮아. 일주일에 2, 3일만 출근해도 최소 50만 원은 벌 수 있어. 언니도 소개해 줄까?"

술집에서 일하는 건 누구나 그렇듯이 부정적인 선입견이 있다. '술집 여자', '나가요 언니'와 같은 호칭에서 알 수 있듯이 사회가 바라보는 시선이 곱지 않다. H양도 술집에서 일한다는 걸 그때까지는 생각해 본 적이 없었다. 그런데 H양에게 유흥업소를 소개해 주겠다는 후배는 4년제 대학을 나오고 집안 형편도 그다지 어렵지 않은 여느 평범한 직장인과 다를 바 없는 애였다. 그런 후배가 본인도 지금 일하고 있다며 소개해 주는 것이고 한 달 열심히 일해야 벌 수 있는 돈을 1, 2주 만에 벌 수 있다고 하니 마음이 흔들릴 수밖에 없었다.

H양이 소개받은 곳은 제법 고급스러운 유흥업소로 4명 또는 6명 정도가 들어갈 수 있는 방으로 꾸며져 있었다. 다른 사람들의 시선을 의식하지 않고 술을 마실 수 있어, 비즈니스 접대 자리가 많았다. H양은 처음 일을 시작하며 2차(성매매)는 안 한다고 했다. 하지만 그곳에 오는 손님들 대다수가 2차를 안 하는 여종업원은 테이블에 앉히려 하지 않았다. 이러한 유흥업소에서 일하는 여종업원은 테이블에 들어가고 2차 나가고 하면서 받게 되는 팁이 주 수입으로 그 외에 업소로부터 받는 돈은 없었다. H양은 낮에 회사에서 일하며 밤에도 주 3일을 업소에 출근했지만, 2차를 나가지 않다 보니 테이블을 들어가지 못하는 날이 많아졌다. 정작 버는 돈은 없이 미용실 들리고 출퇴근 택시 타고 하느라 돈만 쓰는 상황이 되었다. 그래서 H양은 2차를 나가기로 했다. 어차피 술집에서 일하는 거, 2차 안 나간다고 누가 알아주는 것도 아니고 차라리 돈을 벌어 하루라도 빨리 이 생활을 청산하는 게 낫겠다고 생각했다.

H양은 많은 손님을 받았다. 의사, 변호사, 판검사, 교수, 사업가, 정치인, 종교인, 기자, 심지어는 연예인까지 소위 대한민국의 지식인과 리더라는 사람들이었다. 그리고 대다수가 결혼하여 자식까지 있는 사람들이었다. 그래서 H양은 결혼을 안 하기로 결심했다. 세상에 믿을 남자가 없는 것이다.

사람들은 흔히 말하길 힘들게 일하기 싫으니 쉽게 돈 벌 수 있는 유흥업소에서 일한다고 한다. 물론 멀쩡한 여대생들이 유흥업소에서 아르바이트하는 경우가 있다. 짧은 시간에 돈을 많이 벌 수 있기 때문이다. 그렇게 번 돈으로 명품 가방을 사고 해외여행을 간다고 한다. 하지만 대다수는 집안 환경이 어려워 학교도 제대로 못 다니고 집 나와 떠돌다가 취직도 못 하고 해서 어쩔 수 없이 일하는 경우가 많다. 유흥업소에서 일하면 사람 취급을 못 받는다. 술 취한 남자들이 노리개로 생각한다. 그나마 가게에서 술을 마실 때는 지배인도 있고 마담, 웨이터도 있기에 '진상' 손님이 있어도 어느 정도 보호받을 수가 있다. 그러나 2차를 나가면 단 둘뿐이다. 술 취한 이 남자가 어떻게 돌변할지 모른다. 목숨을 담보로 돈을 벌고 있다.

유흥업소에서 일하는 여자들은 마음의 상처가 많다. 주로 밤에 일하다 보니 일상적인 생활방식이 달라 만나는 사람들도 손님이나 업소에서 함께 일하는 사람들이 대부분이다. 그래서 누구든 조금만 잘해 주면 쉽게 마음을 열고 그러다 이용당하는 경우가 많다. 그래서 세상에 대한 불신이 강하다. 젊은 날 잠깐의 잘못된 결정과 행동이 남은 삶을 불행하게 하는 것이다.

H양은 유흥업소에서 약 3년 정도 일하고, 그때 번 돈으로 가죽공예를 배워 지금은 공방을 운영하고 있다. 가죽공예가 한 땀 한 땀 수작업으로 이뤄지는 거라 노력이 많이 들어가는데, 그런 만큼의 대가를 받기가 아직은 어렵다. 하지만 공방에서 학생들도 가르치고 하면서 생활은 유지되고 있고 간간이 온라인을 통해 판매도 이

뤄지고 있어 현재는 만족스러운 삶을 살고 있다. H양은 본인이 만드는 제품을 런칭하여 중국과 일본 시장에 진출할 꿈을 갖고 있다. 그리고 이를 위해 지난여름에 일본과 중국에 가서 시장조사를 하고 왔다.

대다수 사람은 유흥업소 접대부나 성매매 여성에 대해 '세상에 수많은 직업이 있고 돈을 벌 수 있는 일이 너무나 많은데 자신도 떳떳하지 못하고 사람들의 인식도 좋지 않은 일을 왜 하는 것일까?'라고 생각한다. 그러나 어떤 사람에게는 별것 아닌 게 그 누군가에게는 큰 이유가 되기도 한다. 절박함이 사람마다 달라서 어떤 일을 선택하는 기준도 제각각 다르고, 헤쳐 나가는 방법 또한 다르다는 것을 다시 한번 깊이 생각해 보게 하는 인터뷰였다.

인터뷰를 계기로 성매매 피해 여성의 이야기를 다룬 『너희는 봄을 사지만 우리는 겨울을 판다』라는 책도 함께 읽었다. 부산의 대표적 집창촌인 이른바 '완월동'이나 티켓다방 등에서 한때 성매매업을 직업적으로 했던 여성 10명이 쓴 수기와 인터뷰를 엮은 책이다. 성매매 업소를 탈출한 이들은 부산의 성매매 피해여성지원센터인 "살림"이 운영하는 쉼터에 거주하면서 4개월간 16회에 걸친 글쓰기 치료 프로그램에 참여해 자신들의 이야기를 썼다. 10명의 성매매 피해 여성들 모두 불행한 어린 시절을 보냈다. 부모의 이혼, 가난, 아버지와 오빠의 폭력, 왕따, 그리고 그로 인한 가출, 배고픔, 불안, 외로움, 무서움의 절박함 속에서 달콤하게 다가오는 유혹의 손을 뿌리칠 수 없었다. 가족이라 여겼던 그들(업주)은 딸 같은 아이들을 짐승 취급했고, 오직 돈벌이를 위한 수단으로 이용했다. 그 세계에서는 성매매가 불법이라는 것이 소용이 없었다. 업소 고객 중에는 경찰, 판사, 변호사, 정치인도 있었으니 말이다. 어떤 아이는 아빠에게 관심받고 싶어서 일부러 단속에 걸리기를 바라기도 했다. 단속에 걸리면 경찰이 부모에게 연락하고, 자신을 찾아오는 부모의 손에 끌려 집으로 가면 그것이 관심이라 여겼다.

또한 업주는 업소의 규율과 서열을 만들어 온갖 방법으로 그들에게 빚을 안기고 폭력을 가했다. 그 안에 있는 동안에는 그것이 법이고 전부인 줄 알았다. 혼자의 힘으로는 그곳에서 발을 빼기 쉽지 않은 상태였다. 성매매를 오랜 기간 경험한 여성 중에는 자신이 10년 동안 무엇을 했는지 기억에 남는 일이 없다고 한다. 그 기간에는 '나는 내가 아니다'라고 의식적으로 세뇌를 하기도 한다. 내가 아니어야 그 현실을 받아들이고 감내하고 계속 살아갈 수 있었기 때문이다. 성매매 여성 중에는 돈을 모아서 다른 삶을 살 수 있을 거라는 꿈을 갖고 어떻게든 살아남으려 했던 여인들도 있을 것이다. 책 속에 등장하는 10명의 여성은 그 시간을 겪어내고 살아낸 힘으로 지금은 다른 사람들을 위해 상담을 하고, 글을 쓰며 탈성매매를 위해 애쓰고 있다.

성매매 여성들은 생존권 보장을 요구하며 현실적인 재취업만 가능하다면 언제든지 일은 그만둘 수 있다고 한다. 그러나 일을 그만둔다는 것이 생각처럼 쉬운 것은 아니다. 불법 원인으로 인한 채

권·채무는 무효지만 이것이 성매매와 관련 있는 돈(선불금)임을 성매매 여성들이 스스로 입증해야 한다. 업주들은 수년이 지나서 잊을 만하면 소송을 걸고, 집까지 찾아오기도 한다. 성매매 방지 특별법이 있지만, 성매매 현장은 초법적인 위치에 있다. 성매매 현장에서 벗어나려 해도 업주로부터의 후환이 두려워 그만두지 못하는 것이 현실이다. 이러한 문제를 해결하기 위해서는 정부가 성매매 알선업주에 대해 처벌을 강화해야 한다. 전국시민연대나 뜻을 같이하는 여성들의 목소리를 모아 주장하고 촉구하는 것도 한 방법일 수 있다.

다른 관점에서의 문제는 성매매를 자의적으로 하는 경우이다. 직업 선택의 자유와 성적 자기 결정권에 있어 성매매 여성의 인권을 어떻게 존중해 주는 것이 옳은가 하는 것이다. 이럴 때는 한 인간으로서의 생각은 존중하되, 성매매 방지 특별법 내용과 도의적 가치관을 주지시켜 주는 것이 바람직하겠다. 성매매 여성들이 업소를 빠져나오려면 계기가 있어야 한다. '성매매 피해여성지원센터' 같은 기관에서는 성매매 피해 여성을 상담하고 법률 및 의료지원 등을 하고 있다. 탈성매매 여성들의 실제 경험과 생각을 적은 책자를 배포하여 그곳을 빠져나올 수 있는 용기와 힘을 주기도 한다. 또한 탈성매매 여성들이 거주할 수 있는 쉼터를 운영하여 치유와 직업자활 등을 돕는다. 센터직원들은 성매매 여성들을 돕는 실천 기술로 판단이나 정죄가 아닌 온정적인 개입과 개인 존중, 전문적인 법률 및 의료지원을 꼽는다. 그리고 많은 탈성매매 여성들은 이러한 지원과 도움을 통해 진정한 사랑을 느꼈다고 고백한다. 이것은 결국 그들에게 희망을 주고 자기 자신을 사랑하게 하는 힘이 되는 것이다.

비록 대학원 과제로 했던 것이기는 하나, 유흥업소 접대부나 성매매 종사자에 대해 새로운 인식을 하게 되는 계기가 됐다. 탈성매매 여성들을 위해 우리 사회가 무엇을 해야 한다는 것을 얘기하기에 앞서, 성매매로 인해 야기되는 여러 사회적 문제 해결을 위해서는 무엇보다도 성을 매수하는 남성들의 의식과 가치관의 변화가 필요하다. 관련된 조사나 연구에 따르면, 성매매가 사라지지 않는 원인 중의 하나는 수요자인 남성들이 가진 성에 대한 의식 구조 때

『사회복지윤리와 철학』 과목 교수님과 급우들. 2016년

문이다. 남성들이 미성숙한 소녀에 대해 정서적 동경이나 성적 집착을 가지는 현상인, 일명 롤리타 콤플렉스(롤리타는 러시아 출신의 미국 작가 블라디미르 나보코프의 소설로 1955년 프랑스에서 발간되어 판매가 금지되었으나, 1958년 미국에서 다시 발간되어 세계적인 센세이션을 일으켰다. 이 소설은 주인공 험버트가 12살짜리 소녀인 의붓딸 롤리타에게 이끌려 아내를 사고로 죽게 하고 롤리타를 차지하지만 결국 자신이 파멸한다는 내용이다. 이 소설에서 묘사된 어린 소녀에 대한 중년 남자의 성적 집착 혹은 성도착을 "롤리타 신드롬" 또는 "롤리타 콤플렉스"라고 한다. 현대에서 롤리타 신드롬은 세기말 현상 중의 하나로, 일본이나 한국 등에서 여학생들이 경제적인 이익을 대가로 중년 남자와 사귄다는 "원조(援助)교제"도 일종의 롤리타 신드롬이라 할 수 있다.)로 인해 성매매 수요가 사라지지 않는 것이다. 남성들은 나이 어린 여성을 소유하고 성적 대상화시킴으로써, 자신의 힘을 과시하려 한다고 전문가들은 분석한다. 그렇다면, "만약 당신의 여동생이, 만약 당신의 딸이 다른 남자의 성 노리개가 된다면 당신은 어떻겠는가?"를 깊이 생각해 볼 일이다.

대학원 2학기 때,『사회복지실천론』을 가르친 교수님은 "학습일지"를 작성해 보라고 하였다. 강의나 교재의 주요 내용과 모둠활동의 내용 및 결과를 정리한 학습 내용과 내 생각과 경험 또는 의견 그리고 실천 원칙을 정리한 학습 교훈이 담긴 학습일지이다. 의무적으로 작성해야 하는 것은 아니었지만, 내가 배우고 느낀 것들을 정리해 본다는 점에서 좋겠다는 생각에 수업마다 학습일지를 작성했다. 물론 학습일지를 작성하는 데 노력이 많이 들었다. 수업마다 최소 한 시간 이상은 학습일지를 작성하는 데 시간을 들여야 했다.

하지만 학습일지를 작성하려다 보니 수업에 더 집중해야 했고, 수업 후 정리하는 과정에서 또 한 번의 학습이 이뤄졌다. 특히 그날 학습한 내용과 관련한 내 생각이나 경험 또는 의견을 작성하는 "학습 교훈(Lessons Learned)"은 학습일지의 백미(白眉)였다. 나의 철학이 다듬어졌기 때문이다. 만약 과정을 함께 수강했던 다른 급우들도 학습일지를 작성해서 공유했다면 그 내용을 읽는 것만으로도 매우 의미 있는 공부가 되었을 것이다. 내가 놓친 부분을 정리한 급우도 있었을 것이고, 내가 생각하지 못했거나 경험하지 못한 내용도 있었을 것이기 때문이다. 그러나 아쉽게도 나 외에 학습일지를 작성한 급우는 없었다. 어쨌거나 나는 이왕지사 하는 거 졸업 때까지 내가 수강하는 모든 과목에 대한 학습일지를 작성했다.

사회복지대학원에서의 공부는 교과과정을 통해서만 이뤄지는 건 아니었다. 사회복지 현장에서 이미 일하고 있는 동기들과 교수님들과의 교류 자체가 하나의 공부였다. 그들은 하나같이 타인에 대한 배려가 몸에 배어있었고, 그들과 함께 있으면 편안함과 따뜻함이 느껴졌다. 그들로부터 오는 선한 기운이 나를 감싸 안아 머지않아 나 역시 그들처럼 타인을 위해 봉사할 때 오는 행복을 느낄 수 있으리라는 확신이 들었다.

## 들꽃청소년세상

나와 같은 사회복지 비전공자는 사회복지대학원을 졸업하려면 최소 120시간(2020년부터는 160시간으로 변경)의 사회복지실천 현장실습을 해야 한다. 아마도 졸업 후, 사회복지실천 현장에서 일하기 전에 사전 경험을 해 보라는 취지일 것이다. 사회복지 관련 전반적인 업무를 엿볼 수 있는 종합사회복지관이나 개인별로 관심이 있거나 연고가 있는 사회복지기관이나 시설에 신청해서 현장실습을 받고는 한다. 그런데 나처럼 나이 든 학생을 실습생으로 받으려고 하는 곳은 거의 없다. 실습생이 아니라 상전 모셔야 할지 모른다는 우려 때문일 것이다. 그래서인지 내 또래 동기들을 보면 주로 지역아동센터나 노인요양원 등에 가서 허드렛일을 도와주고 실습점수를 채우는 경우가 많았다.

하지만 나는 이왕 현장실습을 할 거면 내가 관심을 두고 있던 취약계층 청소년을 돌보는 기관에서 하는 게 좋겠다는 생각에 현장실습 수업을 담당하고 있는 교수님께 면담을 요청했다. 내 이력서와 자기소개서를 들고 교수님을 찾아뵙고는 앞으로 어려운 환경의 청소년을 위해 무료 청소년직업훈련학교를 설립하려고 한다는 뜻을 밝히고, 이에 적합한 기관을 추천해 달라고 부탁했다. 교수님은 현장실습을 위해 나처럼 직접 찾아와 면담한 경우가 처음이라며, 교수님과 각별한 인연이 있는 "들꽃청소년세상"을 추천해 주고는 직접 연락해서 현장실습을 할 수 있도록 주선해주었다.

2017년 5월의 어느 날, 들꽃청소년세상의 김현수 이사장님과 조순실 대표님을 찾아뵈었다. 두 분은 부부로 함께 법인을 운영하고 있었다. 현상실습은 9월부터 시작하는 가을학기 과정이라 시간상으로 여유는 있었으나, 쇠뿔도 단김에 뽑으라고 소개를 받았으니 시간을 끌 이유는 없었다. 이미 교수님께 연락받은 이사장님 내외는 나를 반갑게 맞아주었고, 낯선 환경에 내가 어색하고 불편해하지 않도록 시종일관 편안한 미소를 머금고 대해 주었다. 법인의 이력과 하는 일에 대해 소상히 설명해 주고는 나에게 무엇을 해 보고 싶은지를 물었다. 나 또한 들꽃청소년세상을 방문하기 전에 법인 홈페이지를 통해 개략적으로 법인의 구성과 사업내용을 파악하고는 내가 할 수 있겠다 싶은 실습 안을 정리해 갔기 때문에 그것을 보여주며 말씀을 드렸다.

내가 궁극적으로 하고 싶은 것은 무료 청소년직업훈련학교를 설립하는 것이다. 그러니 사전 경험을 쌓기 위해 법인에서 돌보는 청소년을 대상으로 IT 관련 교육을 한다거나 지금 하는 컨설팅 경험을 살려 법인의 전체 프로그램을 관찰하고 개선방안을 모색해 보는 일을 할 수 있을 것 같다고 말씀드렸다. 이사장님께서는 당장 무엇을 하겠다고 정하는 것보다는 법인 산하 시설에서 하는 일들을 먼저 살펴보는 것도 좋겠다고 말씀하셨다. 나 역시도 현장실습 동안 법인의 개별 프로그램 유형과 특징을 살펴보면, 향후 내가 청소년을 위해 무엇을 하는 것이 좋을지를 알아보는 데 많은 도움이 될 것이라는 생각이 들었다.

들꽃청소년세상은 서울, 안산, 군산의 3개 지부 산하에 19개의 시설을 운영하고 있었으며, 탄자니아, 네팔, 몽골에도 10개의 아동 그룹홈(사회생활에 적응하기 어려운 아동과 청소년을 각각 소수의 그룹으로 묶어 가족적인 보호를 통해 지역사회에 적응할 수 있도록 도와주는 프로그램이나 제도)과 쉼터(주로 가출청소년에게 의식주를 제공해주고 비행을 방지하고 지도하는 시설)를 개설하였다. 어려운 처지에 놓인 청소년을 위한 돌봄, 교육, 자립 및 해외원조의 종합적 서비스를 제공하고 있었다. 1994년 돌봄이 필요한 가출청소년 8명과 함께 생활을 시작했던 것이 지금의 들꽃청소년세상의 모태가 되었다. 현장실습을 하며 그동안 수업 시간에 그리고 대학원 동기들의 얘기를 통해서만 들었던 아동·청소년 보호시설을 방문하고, 일부 프로그램은 직접 참여해 보며 몸소 체험하고 느끼는 계기가 되었다. 들꽃청소년세상 산하 시설을 방문하여 현황에 대한 설명을 듣고 살펴보며 운영상의 애로사항과 어려움 또한 자연스레 알게 됐고, 이 어렵고 힘든 일을 기꺼운 마음으로 하는 선생님들이 존경스러웠다.

현장실습을 하며 겪은 여러 경험이 있었지만, 그 가운데 유독 인상에 남는 것을 떠올려 보면 첫 번째는 경기도 안산에 있는 쉼터

'한신'을 방문했을 때의 기억이다. 청소년 쉼터 한신은 위기에 처해 있는 여자 청소년을 현장 최일선에서 맞이하고 돌보는 곳이다. 주로 가정폭력이나 학교에서의 집단 따돌림, 심지어는 성폭력으로 상처받은 청소년이 거리로 뛰쳐나왔다가 오갈 데가 없어 잠시 머무는 곳이다. 한신을 방문했을 때 중학생으로 보이는 한 여학생이 거실한 귀퉁이 빈백(폴리우레탄으로 된 원단 안에 작은 충전재를 채워 넣어 신축성이 좋고 푹신한 의자. 형태가 고정적이지 않아 사람이 앉는 자세에 따라 자유자재로 변형된다.) 위에서 뒹굴뒹굴하다가 내게 인사를 했다.

"안녕하세요?"

쉼터 소장과 운영 팀장으로부터 약 1시간가량 시설에 대한 설명을 듣고 이런저런 얘기를 나눈 후 쉼터를 떠나려 할 때, 아까 그 여학생이 여전히 똑같은 자세로 있다가 인사를 했다.

"안녕히 가세요!"

어찌 보면 무미건조한 인사일 뿐인데, 계속 마음에 남았다. 저 여학생은 어떤 가슴 아픈 사연을 갖고 있을까? 운전하며 서울로 올라오는 내내 시야가 흐렸다.

두 번째 기억은 거리의 위기청소년을 최일선에서 만나는 '움직이는 청소년 센터, 엑시트(EXIT)' 활동에 참여했을 때이다. 엑시트 활동은 특별하게 개조한 버스를 찾아온 청소년에게 따뜻한 밥과 간식을 제공하고 속옷이나 양말, 위생용품, 콘돔 등 긴급 상황에서의 물품도 지원해 주는 한마디로 청소년을 위한 119다. 거리를 배회하다 다친 청소년을 위한 의료지원과 성범죄 피해 청소년을 지원하는 활동도 한다. 병원 진료나 변호사 상담이 필요한 경우에는 낮에 만나 도움을 준다. 저녁 8시가 되자 기다렸다는 듯이 청소년이 몰려들기 시작했다. 주로 가출청소년으로 그동안 변변히 못 먹은 탓인지 버스에 올라타자마자 먹을 걸 찾는다. 그런데 그들 가운데 한 명은 가출한 지 얼마나 오래됐으면, 반바지에 슬리퍼 차림이었다. 11월 초였는데, 그날따라 유독 추웠다.

다수의 사람, 특히 기성세대일수록 거리 청소년을 바라보는 시선이 곱지 않다. 다만 그들의 행동을 비난하면서도 그들을 둘러싸고 있는 환경이나 왜 그럴 수밖에 없는지는 그다지 관심이 없다. 하지만 실상을 보면 대부분은 거리 청소년 자체의 문제가 아니라는 것을 알게 된다. 그들 주변의 여러 요인이 그들을 그렇게 만들었다. 일부 청소년은 말투나 행동에서 폭력성을 보이기도 하지만 막상 얘기를 나눠보면 아직 어린 학생이다. 그들에게는 따뜻하게 보듬어줄 부모나 어른이 필요한 것이다. 다른 엑시트 활동가의 눈을 피해 버스 뒤로 갔다. 그리고 소리 죽여 울었다.

마지막으로 세 번째는 "들꽃청소년 자립식" 참석이었다. 무작정 청소년직업훈련학교를 설립하겠다는 계획을 세웠던 내게 청소년을 위해 앞으로 무엇을 해야 하는지를 알게 해준 행사였다. 들꽃청소년세상과 같은 아동·청소년 보호시설에 기거하는 아이들은 제도적으로 성인이 되는 만 18세가 되면 시설을 떠나야 한다. 그 해에도 들꽃청소년세상에서 만 18세가 된 19명이 이제 세상으로 자립해 나가게 되었다. 자립식은 이렇듯 둥지를 벗어나 세상을 향한

첫발을 내딛는 아이들이 발표하는 소감과 각오를 듣고 격려하며 축하해 주는 자리였다. 그런데 나는 오히려 안쓰러운 마음이 컸다. 만 18세면 이제 막 고등학교를 졸업하는 나이인데, 과연 이들이 '세상이라는 무대에 홀로 설 준비가 되었을까?' 하는 염려 때문이었다.

들꽃청소년세상의 "들꽃청소년 자립식". 2017년

## '나눔과 꿈' 공모사업

어려운 환경에 처한 청소년을 위해서는 돌봄, 배움, 자립의 3개 축이 상호 유기적으로 맞물려 돌아가야 한다. 들꽃청소년세상은 지난 1994년 경기도 안산에서 8명의 가출 청소년과 그룹홈을 시작하며, 위기의 거리 청소년과 인연을 맺게 됐다. 이후 가정해체와 빈곤으로 가정에서 돌봄을 받지 못하고, 학교에서 적응하지 못해 학교 밖으로 나온 청소년에게 대안 가정과 대안학교를 통해 안정적인 생활과 배움의 기회를 주고 있다. 하지만 이렇듯 지난 30년을 한결같이 어려운 처지의 청소년을 돌보고 가르치는 데 헌신해 온 들꽃청소년세상도 지금까지 해결하지 못해 안타까운 것이 있다. 그것은 바로 만 18세가 되어 들꽃청소년세상을 떠나야 하는 이른바 보호종료 청소년에 대한 진정한 자립 지원을 못 해주고 있다는 것이다. 정부 시책에 따라 자립정착금을 지원하고는 있으나, 현실적으로 아직 미성년자인 청소년이 자립하는 데에는 역부족이다.

물론 이러한 상황은 들꽃청소년세상만의 문제가 아니기에 이를 해결하기 위해 정부나 지방자치단체에서 공공자립시설 운영이

나 인턴십 프로그램과 같은 자립 지원 프로그램을 운영하고 있다. 하지만 매년 2,500명 이상이 보호 종료되는 상황에서 이들을 수용하고 지원하기에는 턱없이 부족하다. 그뿐만 아니라, 지원 프로그램의 성격이 대부분 자격증 취득이나 학원비 지원에 초점이 맞춰져 있어 실제 취업으로까지 이어지는 경우는 드문 실정이다. 그러다 보니 다수의 보호 종료 청소년은 열악하고 질 낮은 일자리에서 강도 높은 노동을 하고 월세방을 전전하는 생활을 하고 있으며, 심지어는 유혹의 손길을 벗어나지 못하고 다시 비행 청소년이 되기도 한다.

자립은 단순히 경제적 독립만을 의미하지는 않는다. 신혜령 교수는 "자립은 친부모를 떠나 대리 보호를 받던 위탁가정, 공동생활가정, 혹은 아동·청소년 양육시설에서 만 18세가 되어 사회적 보호를 떠나는 청소년이 성공적인 상호 의존의 성취로 자신의 독립된 상태를 이끌어 감을 뜻한다. 자신에게 편안하고 가족과 지역사회 그리고 사회 속의 의미 있는 사람들과 즐겁게 연계를 가지는 자기 충족적이고 독립적인 생활을 할 수 있는 사람이 되는 것을 의미한다. 즉 개별적 독립이라는 의미보다 다른 사람과의 대인관계와 지역사회 자원을 잘 활용하여 자신을 지켜나갈 수 있는 심리적, 사회적, 경제적 독립상태로의 전환을 의미한다."고 설명한다.

미국과 일본은 보호 종료 청소년이 자립을 위한 유예기간을 가질 수 있도록 배려하고 있고, 퇴소 후에도 사후 돌봄이 기본적 의무이지만, 우리는 보호 종료 청소년과 밀접한 관계를 유지하는 사후관리 프로그램이 매우 부족하다. 퇴소 청소년의 경우 퇴소 후 처음 1, 2년간은 그래도 본인이 몸담았던 기관이나 시설에 연락하고 지내는 편이나, 시간이 지날수록 연락이 끊어진다고 한다. 자기를 보살펴줬던 선생님이 다른 데로 옮겨 연락이 끊어지기도 하지만 대다수는 사회에 나와 자리를 못 잡고 있다 보니 연락할 염치가 없기 때문이기도 하다. 자립은 혼자서기가 아닌 의존하기 힘들 때 "도와달라"고 말할 수 있는 것, 즉 그렇게 도움을 청할 사람이 많은 것이다. 그런데도 보호 종료 청소년은 정작 그들이 도움이 필요할 때 마음 편히 도움을 청할 사람이 없는 것이다.

그래서 나는 보호 종료 청소년이 정서적으로 기댈 수 있고 실질적인 취업 준비를 통해 취업함으로써, 진정한 자립이 가능하도록 전문적인 지원을 해줄 수 있는 기관이나 시설이 필요하다는 생각이 들었다. 모호했던 청소년직업훈련학교의 방향이 설정됐다. '공부도 놀이도 직업도 삶도 재미있게!'라는 취지로 "재미난청소년센터"라고 이름을 붙였다. 재미난청소년센터의 미션은 보호 종료 청소년이 건강한 사회구성원으로서 살아갈 수 있도록 도와주는 것이다. 매월 일정 비용의 학원비나 자격증 취득 비용 등을 지원해주는 단기성의 사업이 아니라, 체계적인 정규과정을 통해 사회구성원으로서의 자질을 갖출 수 있도록 훈련하고 이를 통해 취업으로까지 연계되도록 해주는 것이다.

보호 종료 청소년의 진정한 자립을 위해서는 정신적 자립과 함께, 경제적 자립 또한 가능한 프로그램 구성이 필요하다고 판단

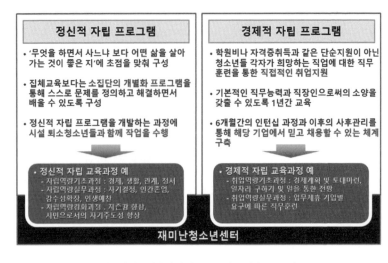

정신적 자립 프로그램

- '무엇을 하면서 사느냐 보다 어떤 삶을 살아 가는 것이 좋은 지'에 초점을 맞춰 구성
- 집체교육보다는 소집단의 개별화 프로그램을 통해 스스로 문제를 정의하고 해결하면서 배울 수 있도록 구성
- 정신적 자립 프로그램을 개발하는 과정에 시설 퇴소청소년들과 함께 작업을 수행

정신적 자립 교육과정 예
- 자립역량기초과정 : 경제, 생활, 관계, 정서
- 자립역량실무과정 : 자기결정, 인간존엄, 감수성확장, 인생예찰
- 자립역량강화과정 . 자존감 향상, 시민으로서의 자기주도성 향상

경제적 자립 프로그램

- 학원비나 자격증취득과 같은 단순지원이 아닌 청소년들 각자가 희망하는 직업에 대한 직무 훈련을 통한 직접적인 취업지원
- 기본적인 직무능력과 직장인으로써의 소양을 갖출 수 있도록 1년간 교육
- 6개월간의 인턴십 과정과 이후의 사후관리를 통해 해당 기업에서 믿고 채용할 수 있는 체계 구축

경제적 자립 교육과정 예
- 취업역량기초과정 : 경제계획 및 토대마련, 일자리 구하기 및 읽음 통한 전망
- 취업역량실무과정 : 업무제휴 기업별 요구예 따른 직무훈련

재미난청소년센터

재미난청소년센터 자립 프로그램 구성안. 2018년

했다.

정신적 자립 프로그램은 "무엇을 하면서 사느냐보다 어떤 삶을 살아가는 것이 좋은지"에 초점을 맞춰 구성할 필요가 있다. 특히 보호시설 청소년은 낮은 자존감과 사회성, 낮은 자기 주도성의 특성을 많이 갖고 있는데, 대부분의 자립 지원 프로그램은 이러한 특성을 고려하지 않은 경우가 많았다. 이는 청소년의 눈높이가 아닌 어른의 눈높이에서 프로그램이 만들어진 탓이기도 하다. 청소년 개인별 환경이나 능력, 관심사에 차이가 있기에 집체 교육보다는 소집단의 개별화 프로그램을 통해 스스로 문제를 정의하고 해결하면서 배울 수 있도록 구성할 필요가 있다. 따라서 정신적 자립 프로그램을 개발하는 과정에 보호 종료 청소년과 함께 작업을 수행함으로

써, 그들의 의견 반영뿐만이 아니라 그들 스스로 프로그램을 만들었다는 성취감을 느끼고 주변 동료에게 자연스럽게 전달되도록 하는 접근이 필요하다.

경제적 자립 프로그램은 4차 산업혁명 시대 유망 직업 및 관련 기업 정보 제공, 그리고 청소년 각자가 희망하는 직업에 대한 직무 훈련을 통한 직접적인 취업 지원이다. 보호 종료 청소년의 취업을 위해 내가 우선으로 초점을 맞췄던 기업은 사회적기업이었다. 당시만 해도 나는 사회적기업에 대해 잘 알지는 못했다. 다만 대학원 마지막 학기 때, 『사회적경제론』이라는 과목을 수강했는데, 사회적기업은 지역사회 공헌 및 사회적 목적 달성을 위해 사회 취약계층에 사회서비스 또는 일자리를 제공하고 있다고 해서 일반 영리기업보다는 낫겠다는 생각이 들었다. 아무래도 보호 종료 청소년에 대한 잘못된 선입견을 품고 있는 기업이 많은데, 그래도 사회적기업은 다르리라는 판단에서였다. 하지만 사회적기업도 장애인이나 고령자, 이주노동자, 경력단절 여성에게는 일자리를 제공하고 있으나, 보호 종료 청소년에게는 일자리가 거의 제공되지 않았다. 이는 다수의 일자리가 단순 업무라 한창때의 젊은 청소년이 꺼리는 탓이기도 하지만, 청소년이 선호할 만한 일자리라 하더라도 고용주의 청소년 고용에 대한 불안감 때문이기도 했다. 질풍노도의 청소년이 일하다 사고를 치거나 책임감 없이 중도에 일을 그만두고 잠적하거나 하는 것에 대한 우려 때문이다.

그래서 재미난청소년센터에서는 청소년이 근무하기 적합한 사

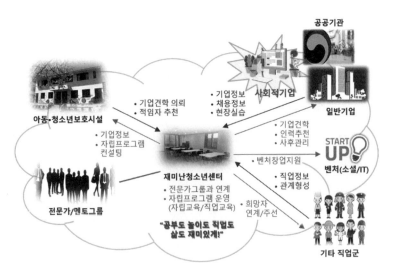

재미난청소년센터 서비스 구성도. 2018년

회적기업을 발굴하여 업무 제휴를 체결하고, 해당 사회적기업이 요구하는 기본적인 직무능력과 직장인으로서의 소양을 갖출 수 있도록 약 1년간 청소년을 교육하는 프로그램을 갖추기로 했다. 그리고 약 6개월가량의 인턴십 과정과 이후의 사후관리를 통해 해당 기업에서 믿고 채용할 수 있는 체계를 구축하려는 청사진을 마련했다.

문제는 재미난청소년센터를 설립하고 운영하는 데 필요한 자금이었다. 교육장이야 지금 회사의 사무실을 개조해서 사용하면 되겠지만 프로그램 개발과 운영에 만만치 않은 비용이 필요했다. 거기다 보호 종료 청소년이 취업하기 전까지 교육받으려면 일정부분 생활비도 지원해줘야 했다. 교육받느라 아르바이트를 하지 못해 감소한 수입을 보존해 줘야 했기 때문이다. 비용을 어떻게 마련할지

고민하던 차에 대학원 교수님으로부터 연락을 받았다. 사회복지실천 현장실습을 담당하는 교수님께서 내가 예전에 현장실습을 위해 면담했을 당시 청소년 사업에 관심이 있다는 걸 기억하셨나 보다. 사회복지공동모금회에서 매년 진행하는 '나눔과 꿈'이라는 공모사업이 있는데 한번 지원해 보라는 것이었다.

나눔과 꿈 사업은 사회문제 해결에 혁신적이고 파급효과가 큰 사업을 발굴하고 지원하여 취약지역 및 소외계층의 삶의 질 개선과 지역사회 발전에 이바지하기 위한 것으로 사회복지공동모금회가 매년 진행하는 지원사업 중 규모가 꽤 편이다. '나눔' 사업은 기존에 진행하던 사업의 진행방식이나 전달체계 변화를 통해 효율성을 도모할 수 있는 사업이고, '꿈' 사업은 기존에 시도하지 않았던 혁신적인 사업으로 시도가 의미 있는 사업이다. 나눔과 꿈 사업 모두 단기 1년과 장기 3년의 두 가지 유형이 있는데, 장기사업의 경우에는 선정된 기관당 3년간 최대 5억 원까지 사업비 지원을 받을 수 있다.

다만 사회복지공동모금회가 주관하는 사업 중 지원 규모가 가장 커서 경쟁률이 매우 높다고 했다. 그간 컨설팅 사업을 하면서 제안서는 숱하게 써봤지만, 지금까지 이런 유형의 제안서는 써 본 적이 없었다. 거기다가 나는 의욕만 앞섰지, 관련한 사업을 수행해 본 경험을 보유하고 있지 않아 이 상태로는 제안을 해봤자 떨어질 게 당연했다. 그래서 청소년 돌봄에 대한 풍부한 경험을 보유하고 있는 들꽃청소년세상 이사장님 내외분과 상의하고, 만약 사업자로 선정되면 내가 주도적으로 사업을 진행하겠다는 약속을 하고 들꽃청소년세상 이름으로 제안에 참여하기로 했다.

사업계획서 양식의 각 항목을 항목별 작성 지침을 참고해서 채워나가는데, 생소한 용어와 요구하는 내용이 많아 작성하면 할수록 더더욱 선정될 자신이 없어졌다. 하지만 이때마다 사업계획서 초안과 수정본을 읽고 의견을 준 이사장님 내외분의 격려가 큰 힘이 됐다. 까짓거 밑져야 본전이라는 생각에 제안서를 제출했고, 신청기관 1,106개 중에서 12:1의 경쟁률을 뚫고 서류심사를 통과했다. 면접 심사 경쟁률은 2:1 정도라고 하니, 왠지 선정될 수도 있겠다는 생각이 들었다. 하지만 여기까지였다. 발표 10분, 질의응답 10분, 이렇게 총 20분간 진행했던 면접 심사 결과는 불합격이었다. 처음 제안에 참여할 때까지만 해도 크게 기대하지 않았고 제안 경험을 쌓아보자는 생각이 강했다. 그러던 것이 사업계획서 작성에 노력을 많이 기울이고 그 결과로 서류심사를 통과하다 보니 어느 순간 내 마음속에 합격에 대한 기대감이 생겼었나 보다. 불합격 통보를 받으니 '잘 모르면서 섣부르게 설치지 말고 보호 종료 청소년 자립 지원사업을 접으라는 뜻인가 보다.'라는 생각까지 들었다.

이때가 2018년 12월 초였다. 한 해의 사업을 마무리하는 시점이라 공모사업 불합격에 연연하고 있을 수는 없었다. 올 한 해 실적과 내년도 사업 전망 및 계획을 정리해서 1년 동안 회사를 위해 수고한 임직원과 공유하고 격려하는 성과공유회 준비로 바쁜 나날을 보냈다. 우리 회사는 보통 크리스마스 전에 종무식 겸 성과공유회를 갖고는 새해 시무식 때까지 약 열흘가량을 쉰다. 12월 21일에 회사 종무식을 하고는 넋 놓고 쉬었다. 쉬다가 '나눔과 꿈' 사업 면접 심사 때, 평가위원들이 질문했던 내용이 떠올랐다. 3명의 평가위원이 각자 한 가지씩 세 가지 질문이 있었는데, 그중 두 개의 질문이 합격 여부 결정에 영향을 준 듯싶었다. 하나는 당시 고용노동부가 '청년취업성공패키지'라는 청년 일자리 지원사업을 하고 있었는데, 이에 대한 활용방안은 고려하지 않았는가였다. 비단 청년취업성공패키지 사업뿐만이 아니었을 것이다. 아마도 사전 조사를 충실히 했었더라면 보호 종료 청소년의 일자리 지원을 위해 활용할 수 있는 중앙정부나 지방자치단체에서 진행하는 사업이 많았을 것이고 그러한 사업의 활용방안을 제안서에 포함했으면 더 좋았을 것이다. 두 번째 질문은 사회적기업이 취약계층 청소년 채용에 호의적이지 않고 청소년 또한 사회적기업 취업에 대한 만족이 높은 것 같지 않은데, 이에 대한 내 생각을 묻는 것이었다. 나도 사전에 예상했던 것이기는 하지만 그래도 일반 기업보다는 사회적기업이 취약계층을 더욱 폭넓게 고용하고 있어 보호 종료 청소년에 대한 채용 기회도 많을 것으로 생각했는데, 현실은 그렇지 않았나 보다. 사회적기업으로서도 전문성이 부족하고 책임감이 적은 청소년 채용에는 부담이 있다. 그리고 청소년에게 취업 기회만 있으면 일할 거라는 내 생각도 잘못된 거였다. 오랜 세월 보호시설에서 통제받았던 청소년이 시설을 떠나 제일 먼저 하고 싶은 것은 무엇일까? 만약에 내가 그들의 처지였다면 무엇을 제일 먼저 하고 싶을까? 모두 다 그런 것은 아니겠지만 대다수는 자유롭게 노는 걸 바랄 거다. 이제

스무 살 안팎의 어린 청소년이지 않은가. 생각이 여기에 미치자 그동안 보호 종료 청소년의 자립을 지원하겠다는 의욕만 앞섰지, 충분한 조사와 준비는 턱없이 부족했고 불합격 판정을 받은 게 당연했다.

내가 그동안 우리 사회를 위해 하고자 했던 일에 열정이 있었던 것이 아니라, 사십춘기 때 흔히 겪는 순간적인 감정일 뿐이지 않았나 하는 회의감마저 들었다. 열정(enthusiasm)이라는 단어는 고대 희랍어의 '안'을 뜻하는 "엔(en)"과 '신'을 의미하는 "테오스(theos)"에서 유래한 말이다('내재하는 신', 즉 "내 안에 신을 둔다"). 내 안에 신이 있으니 얼마나 기쁘고 즐거운가. 열정이 있으면 내가 하는 일에 깊은 즐거움을 느낌과 동시에 목표와 비전의 요소가 더해진다. 목표나 비전을 달성해야 한다는 부담감에 억눌리는 것이 아니라, 내가 참여하고 있는 활동을 통해 나 자신뿐 아니라 수많은 사람의 삶을 얼마나 풍요롭게 하고 깊어지게 하는가를 느낄 수 있다. 랄프 왈도 에머슨이 "열정 없이는 어떤 위대한 것도 이뤄지지 않았다."라고 말한 이유이기도 할 것이다. 반면에 열정이 없으면 목표나 비전을 달성하겠다는 집착이 생겨 '지금 하는 일을 하고 싶어 하는 것'보다 '목표에 도달하는 것'만을 더 많이 원하게 된다. 실제보다는 형식, 즉 겉으로 드러나 보이는 것에 더 치중하게 된다. 내가 지금 하고자 하는 일은 감정인가 열정인가? 나의 2018년은 이렇듯 감정과 열정 사이에서 저물어 가고 있었다.

삶 전체의 여행은 궁극적으로는 이 순간에 내딛는 발걸음으로 이루어
져 있다.
언제나 이 한걸음이 가장 중요하다.
목적지에 도착했을 때 무엇을 만나는가는 이 한걸음의 성질에 달려 있다.

에크하르트 톨레

—

# 이기적 이타주의

—

—

"자신의 위치와 역할에서 사회적 가치의

실현을 생각하고, 실천한다."

## 사회적경제(Social Economics)

"이 선생님처럼 기업을 경영하는 분은 돈을 많이 벌어 도움이 필요한 곳에 기부하거나, 아니면 필요할 때 유능한 사회복지사의 도움을 받으면 되지 왜 직접 사회복지대학원에 다니고 사회복지 현장에 뛰어들려고 하십니까?"

사회복지대학원 입학 면접 때, 면접관이었던 교수님 한 분이 내게 질문했던 내용이다. 당시에는 뭔 이런 질문을 하나 싶었는데, 지금 와서 생각해 보면 맞는 말씀이기도 하다. 물론 교수님은 사회복지와 연관이 없어 보이는 IT 기업 경영자인 내가 그것도 늦은 나이에 사회복지대학원을 다니겠다고 하니, 그 의지를 확인해 보려고 하였을 것이다. 하지만 질문 내용을 곱씹어 보면 이것저것 어설프게 하는 것보다는 자기가 잘하는 일을 하면서 우리 사회에 도움을 주는 게 더 나을 수 있다는 의미였을 수도 있다.

'나눔과 꿈' 공모사업에 선정되지 못해 실망은 컸었지만, 그렇다고 해서 한 번 깨어난 나의 의식이 없어진 건 아니었다. 우리 안에 잠재해 있던 의식은 한번 일깨우기가 어렵지, 깨어난 의식이 사

라지지는 않는다. 우리가 무엇을 하는가가 아니라 어떻게 하는가가
우리의 운명을 실현하는가 아닌가를 결정한다. 그리고 우리가 하는
일을 어떻게 하는가는 우리의 의식 상태에 의해 결정된다.

2020년에 취약계층 청소년을 위해 무료 직업훈련학교를 열겠
다던 다소 모호했던 목표가 보호 종료 청소년을 위한 자립 지원으
로 좀 더 구체화됐다. 남은 것은 어떻게 할 것이냐이다. 그런 면에
서 '나눔과 꿈' 공모사업은 내가 정말 잘 할 수 있는 게 무엇인지를
생각해 보는 계기가 됐다.

일자리 구하기가 어려운 것은 비단 보호 종료 청소년만의 문
제는 아니다. 중장년층의 정년은 점점 빨라지고 있고, N포세대(주
거·취업·결혼·출산 등 인생의 많은 부분을 포기한 청년 세대를 일컫는 신조
어)라 불릴 만큼 청년층의 구직난도 심각하다. 대부분 경제지표는
불황이 이어질 것을 암시하고 있어 취업난은 더 심해지고 조기 퇴
직은 더 늘어날 것이다. 그렇다면 취업이라는 좁은 문을 뚫고 들어
갈 노력으로 조기 퇴직한 중장년과 청년 구직자 그리고 보호시설로
부터 자립해야 하는 청소년이 서로 협력하여 일자리를 만들어 보면
어떨까? 물론 창업이 취업보다 쉬운 것은 아니지만, 중장년의 경험
과 청년의 패기가 합쳐진다면 그리고 거기에 사회적 문제를 해결하
고자 하는 가치가 더해진다면 일반적인 창업보다는 의미가 있지 않
을까?

중장년 퇴직자는 풍부한 사회 경험과 연륜이 있고 인적자원과
재원을 갖고 있다. 반면에 변화보다는 안정을 추구하고 도전정신과

추진력이 부족하다. 청년 구직자와 보호 종료 청소년은 젊은 패기와 강한 도전정신이 있고 디지털 기기에 익숙하며, 무엇보다도 취업에 대해 절박함이 있다. 물론 끈기가 부족하거나 사회생활에의 적응이 쉽지 않을 수 있다. 하지만 서로의 장점을 살리고 단점을 보완해 나가며 협력한다면 일자리 창출이 한결 수월해질 수 있을 것 같았다.

마침 정부도 일자리 창출에 대해 강한 의지를 보이며 제도적으로도 많은 지원을 하고 있지 않은가? 그리고 나는 창업을 해 본 경험이 있고 지금까지 회사를 안정적으로 경영하고 있으니, 나의 이런 경험이 그들의 창업을 도와주는 데 보탬이 될 수 있겠다고 생각했다. 다만 돈을 벌기 위해 양심까지 저버리는 그런 기업가를 양성하고 싶지는 않았다. 우리 사회에 이바지하는 착한 기업가가 과정과 결과가 모두 착한(盡善盡美) 기업을 경영하도록 돕고 싶었다.

생각이 여기에 미치자 다시 사회적기업을 떠올리게 됐다. 지역 사회 공헌 및 사회적 목적 달성을 위해 사회 취약계층에 사회서비스 또는 일자리를 제공하고 있다는 정도만 막연하게 알고 있던 사회적기업에 대해 구체적으로 알 필요가 있겠다 싶었다. 사회적기업의 사업유형과 발전 방향 등을 알아야 창업을 도와줄 수 있을 것이기 때문이다.

사회적기업을 이해하려면 사회적경제부터 이해해야 하는데, 사회적경제에 대한 개념은 강남대학교 최중석 교수의 『사회적경제학, 2019년』 책을 통해 학습했다. 사회적경제는 사회적 가치를 우선한다. 이윤의 극대화가 최고의 가치인 시장경제와는 달리 사회적 가치를 우위에 두는 활동이다. 사회적경제는 1970년대 신자유주의 등장 이후 자본주의 시장과 국가에서 더 이상 해결해 줄 수 없는 빈익빈 부익부 문제를 해결하기 위해 나타난 개념이다. 자원고갈, 환경오염, 고용없는성장 등 경제적 위기나 사회연대의 부족, 복지국가 기능 약화를 보완할 목적으로 태동한 대안경제 활동의 일환이라고 볼 수 있다. 비록 개념은 1970년대 나타났지만, 유럽에서는 적어도 150여 년 이상 다양한 방법으로 사회적경제를 유지해 오고 있었다. 유럽 연합 각 회원국은 그 크기가 크건 작건 간에 각자의 전형적인 방법으로 사회적경제에 대한 영역을 구축해 오고 있다. 사회적경제는 단어의 의미대로 "사회적 목적을 포함한 거래행위와 그에 따르는 사회적 관계의 총체"라고 말할 수 있다. 이들은 제3 섹터, 비영리 영역 또는 시민사회 영역이라는 이름으로 사회문제 해결 및 사회혁신의 중요한 동기를 부여하면서 세계적으로 확산되었다.

사회적기업은 기존의 산업 및 경제 성장을 중심으로 진행하는 경제 주체가 아니다. 인류와 사회가 당면한 문제를 해결하고 더불어 행복한 삶을 보장하는 지속 가능한 사회를 목표로 한다. 즉 사회적 목적을 달성하기 위한 가치를 지향한다. 우리나라도 이미 오래전부터 자본의 이윤보다는 사회공동체 구성원 또는 지역사회의 이익을 우선으로 하는 사업이나 조직 활동이 있었다. 정치적 입김이나 개인적 목적을 배제하는 독립적인 운영구조, 인간과 노동을 먼저 고려하는 소득분배, 이해관계자가 함께 참여하는 민주적인 의사

결정 등의 사회적경제 운영원리를 토대로 협동조합을 운영하거나 공제조합 또는 결사체를 구성하고 비영리단체를 설립하여 활동해 왔다. 다만 사회적경제가 근래 들어 주목받고 있는 것은 정부 주도의 사회적경제 정책이 있었기 때문이다. 1970년 이후 수도권의 빈민 밀집 지역에서 진행된 주민운동이나 1990년 후반 외환위기 시절 활동가들의 실업 극복 및 빈곤 해결의 담론과 실천들이 2000년대 들어 정부의 정책과 결합하고 촉진되었다.

사회적경제 조직은 이익을 극대화하기보다는 공동체의 관심 사항인 '사회문제 해결' 또는 '사회혁신 추구' 등 '사회적 목적'의 달성을 우선시한다. 사회적 활동 및 환경적 목표를 위하여 봉사하고, 사회 및 경제 환경의 변화를 추구하는 유연성과 혁신성을 갖고 있다. 사회적경제 활동을 영위하는 조직이 자본수익이 아닌 사회적 과정과 사회적 목적 달성을 조직의 가장 중요한 사명으로 경영하는 개별 경제 주체를 사회적기업이라고 한다. 다만 우리나라에서는 2007년에 "사회적기업 육성법"을 제정하면서 사회적기업에 부합하는 적정한 요건을 갖춰 정부로부터 인증을 받은 기업만을 '사회적기업'이라는 명칭을 사용할 수 있도록 하고 있다. 그래서 사회적 목적을 우선으로 추구하면서 재화나 서비스의 생산과 판매 등의 영업활동을 수행하는 기업이나 조직을 인증 여부와 상관없이 포괄적으로 사회적경제 기업 또는 사회적경제 조직이라고 부른다.

사회적 목석이란 조직이 수익 창출을 주된 목적으로 삼는 것이 아니라 공동체 구성원 모두의 행복을 목적으로 사회문제를 해결하고 사회혁신을 추구하는 일을 조직의 주된 활동과 방향으로 삼는 것이다. 사회적 과정이란 조직이 사회적 목적을 달성하는 과정에서 금융 수단 또는 정치적, 경제적, 육체적 등의 여건이 부족한 사람들을 우선으로 고려하면서 이해관계자의 참여와 민주적인 의사결정 과정, 협동과 연대 등을 조직 운영의 중요한 원리로 삼는 것을 말한다.

이론적인 내용만 보면 내가 생각했던 착한 기업 그 자체이기는 한데, 현실적으로 가능할까 싶었다. 그래서 국내외 잘 알려진 사회적경제 조직과 기업들을 찾아봤다. 가난한 여성의 희망이자 전 세계 사회적경제 발전을 촉진한 '그라민은행', 전기 없이 사용할 수 있는 태양광 시스템을 개발하여 가장 저렴하면서도 신뢰할 수 있는 조명 및 전력을 저개발국가에 대규모로 제공하는 '딜라이트', 신발이 한 켤레 팔릴 때마다 취약계층 어린이에게 한 켤레의 신발을 기부하고 상처와 감염 및 질병으로부터 아이들을 보호하는 '탐스', 동력을 사용하지 않는 사람과 자연의 순수한 스포츠 활동을 지원하며 환경보호를 최고의 기업 가치로 경영하는 '파타고니아'와 같은 해외 사례만 있는 것은 아니었다. 쿠키를 만들기 위해 장애인을 고용하는 것이 아니라 장애인을 고용하기 위해 쿠키를 만든다는 '위캔', 사회적 요구에 부응하는 불평등 해소의 플랫폼 차별화전략으로 지역사회의 저소득층 및 다문화 가정 청소년을 위한 배움과 나눔을 실천하는 '점프', 개인과 사회의 소중한 이야기를 기억하고 환경 문제를 해결하기 위해 전 세계에 숲을 만들어 가고 있는 '트리플

래닛', 물건의 재사용과 재순환을 도모하여 생태적이고 친환경적인 세상과 일상 속 나눔을 통해 지친 우리의 이웃과 더불어 살아가는 세상을 만들어 나가는 '아름다운 가게'와 같이 이미 국내에도 많은 사회적경제 조직과 기업들이 활동하고 있었다.

더 이상 주저할 게 없었다. 인생 백세시대, 인생 2막을 자기 자신과 사회를 위해 일해 보고자 하는 중장년 퇴직자와 취업이 절박한 청년 구직자 그리고 보호시설로부터 자립해야 하는 청소년을 위한 사회적경제 기업 창업 프로그램을 만들어야겠다는 결심이 섰다.

## 청춘(青春)

청춘이란 인생의 어느 기간을 말하는 것이 아니라 마음의 상태를 말한다. 그것은 장밋빛 뺨, 앵두 같은 입술, 하늘거리는 자태가 아니라 강인한 의지, 풍부한 상상력, 불타는 열정을 말한다.

청춘이란 인생의 깊은 샘물에서 오는 신선한 정신, 유약함을 물리치는 용기, 안이를 뿌리치는 모험심을 의미한다. 때로는 이십의 청년보다 육십이 된 사람에게 청춘이 있다. 나이를 먹는다고 해서 우리가 늙는 것은 아니다. 이상을 잃어버릴 때 비로소 늙는 것이다.

세월은 우리의 주름살을 늘게 하지만, 열정을 가진 마음을 시들게 하지는 못한다. 고뇌, 공포, 실망 때문에 기력이 땅으로 들어갈 때 비로소 마음이 시들어 버리는 것이다.

육십 세든 십육 세든 모든 사람의 가슴속에는 놀라움에 끌리는 마음, 젖먹이 아이와 같은 미지에 대한 끝없는 탐구심, 삶에서 환희를 얻고자 하는 열망이 있는 법이다. 그대와 나의 가슴속에는 남에게 잘 보이지 않는 그 무엇이 간직되어 있다. 아름다움, 희망, 용기, 영원의 세계에서 오는 힘, 이 모든 것을 간직하고 있는 한 언제까지나 그대는 젊음을 유지할 것이다.

영감이 끊겨져 정신이 냉소라는 눈에 파묻히고, 비탄이라는 얼음에 갇힌 사람은 비록 나이가 이십 세라 할지라도 이미 늙은이와 다름없다. 그러나 머리를 드높여 희망이란 파도를 탈 수 있는 한 그대는 팔십 세일지라도 영원한 청춘의 소유자일 것이다.

사무엘 울만(1840~1924)이 78세에 쓴 시라고 한다. 시인은 청춘을 특정한 기간이 아니라 마음의 상태라고 말하고 있다. 미지에 대한 끝없는 탐구심과 삶에서 환희를 얻고자 하는 열망이 있다면 나이와 상관없이 청춘이라 부를 수 있다. 중장년 퇴직자이든 청년 구직자이든 보호 종료 청소년이든 그들이 꿈을 향해 나아가는 강인한 의지와 불타는 열정을 갖고 있다면 그들은 모두 청춘이다.

여러 연령층의 청춘이 재미나게 어우러져 더 나은 세상을 만들어 가는 곳이라는 의미로 "재미난청춘세상"이라는 이름을 붙여 봤다. 재미난청춘세상은 "미생(未生)이 상생(相生)하여 완생(完生)이 되는 세상"이다. 사회적경제에 관심이 있는 중장년 퇴직자에게는 새로운 직업의 기회를 청년 구직자와 보호 종료 청소년에게는 미래를 준비할 수 있는 사회적경제 기업 창업 프로그램을 제공하는 곳이다.

창업 프로그램을 구성하기 위해 이미 운영 중인 유사 프로그램을 조사했다. 고용노동부와 한국사회적기업진흥원과 같은 정부기관과 서울시50플러스재단과 중장년일자리희망센터와 같이 지방자치단체의 지원으로 운영되는 창업 지원 프로그램들이 많았다. 각 프로그램의 모집 안내를 보면 개략적으로 어떤 과정을 가르치는지를 알 수는 있으나, 과정별 상세내용까지는 알기가 어려웠다. 그래서 사회적경제 분야의 창업 과정과 일반 창업 과정 하나씩을 골라 직접 참가해 봤다. 당시 운영 중이었던 창업 과정들의 평균 교육기간과 개최 횟수는 5주에 10회 정도이며 총시간은 20시간에서 30시간이었다. 과정 운영 기간이 짧은 탓에 교육 내용은 주로 기본적인 개념을 다뤘고, 수료생을 몇 명 배출하느냐에 관심을 가진 듯 보였다. 심지어 일반 창업 과정은 예비창업자나 초기 창업자를 대상으로 정부의 창업 지원사업에 선정되기 위한 표준사업계획서 작성에 초점을 맞춘 수업이었다. 창업자를 위한 세무, 회계, 특허, 투자 등과 관련한 내용도 일부 다뤘는데, 기업가정신과 같은 기본 철학을 다루는 과정은 없었다. 물론 창업 프로그램을 운영하는 데 필요한 예산과 인력 그리고 과정 참가자의 요구 등 여러 제약 요소가 있겠으나, 이런 식의 요령 위주로 배워서 과연 올바른 기업가가 될 수 있을까 하는 의구심이 들었다.

교육 내용과는 별개로 두 개의 각기 다른 과정이었지만 공통점이 있었다. 과정 참가자 대부분이 퇴직 후 재취업이나 창업을 준비 중인 사람들로 안쓰러운 사연도 많았다. 어떤 사람은 그동안 마음고생을 얼마나 많이 했는지 의기 소침해 있고 어두운 그늘이 드리워 있었다.

요즘은 겨우 쉰 살쯤에 회사를 떠나게 되는 직장인이 많아지고 있다. 쉰 살은 무엇을 시작하기에는 두렵고, 포기하기에는 너무도 젊은 나이다. 퇴직하고 한두 달은 좋다. 그간 고된 일에 시달리던 몸이 자유로워졌다. 아침에 출근을 위해 일찍 일어나지 않아도 되고, 지옥철에서 시달리지 않아도 된다. 일이 굼뜨다고 잔소리하는 직장 상사도 없다. 하지만 이것도 잠시, 이내 할 일 없는 무료함 속으로 빠져들면서 당황한다. 집에서 눈치도 보이기 시작한다. 뭔가를 시작해야겠다고 생각하지만, 마땅히 할 일이 없음을 뼈저리게 깨닫게 된다. 그동안 일상에 지쳐 인생 2막을 따로 준비하지 못한 것이 후회된다. 하지만 초조하고 안달할 필요는 없다. 오히려 격전의 인생 전반을 끝내고 새로운 인생 후반을 시작하기 전에 잠시 숨을 고를 때임을 잊어서는 안 된다. 휴식과 준비의 시기다.

어떤 삶을 살 것인지 미리 준비되어 있다면 최상이다. 그러나 어찌어찌해 인생 후반기에 대한 준비를 제대로 못 하고 덜컥 퇴직하게 되었다 하더라도 당황할 필요는 없다. 전반전과 후반전 사이에 휴식이 있듯 우리에게는 적어도 몇 년 정도는 잘 준비할 시간이 있다. 이때, 가장 먼저 할 일은 새로운 인생을 꿈꾸는 것이다. "내가 진정으로 하고 싶은 것은 무엇인가?" 인생 2막은 바로 이 질문으로부터 시작해야 한다.

인생의 전반부가 그저 먹고살고 아이들을 건사하기 위한 경제적 생존이었다면, 후반부에서는 삶의 진수를 즐기는 문화적 각성이 따라주어야 나이 들었을 때 너그러움과 관용이 커지게 된다. 인생 후반부에서조차 먹고살기 위해 전전긍긍해야 한다면 삶을 즐기고 찬미할 시간이 언제 있겠는가? 이때쯤이면 일과 취미가 둘이 되어서는 안 된다.

세상으로부터 자신을 스스로 유배 보낸 수도자들에게는 모든 것이 구도였다. 엎드려 기도하는 것만이 수련이 아니라 밥을 짓고 청소를 하고 집안 곳곳을 손질하는 모든 것이 신께 나아가는 방법이었다. 나는 인생 후반기의 직업관은 이와 같아야 한다고 생각한다. 세월에 인생을 더할 줄 아는 사람을 육성하는 것, 이것이 사회적경제 기업 창업 프로그램의 근간이 되어야 한다.

우리 인생의 9할은 이미 존재하는 '기존'이고 나머지 1할의 9할은 이미 이뤄진 '기성'이다. 따라서 우리가 집중해야 할 것은 1할의 1할인 '미성'이다. 우리는 선발주자가 하는 사업을 벤치마킹한다. 벤치마킹은 선발주자를 따라잡기 위해 선발주자의 경영 방식을 자세히 분석하는 것을 의미한다. 핵심은 선발주자가 하는 것을 흉내 내는 것이 아니다. 그들이 미처 생각하지 못하고 있거나, 그들에게서 고객이 얻지 못하는 것을 찾아보는 것이다. 즉 벤치마킹은 선발주자가 해당 사업을 어떻게 하는지를 살펴보고 그대로 하지 않기 위해서 하는 것이다. 창조란 무에서 유를 만들어 내는 것이 아니다. 길들여진 생각이 미처 찾아내지 못한 것을 찾아내어 새롭게 연결해 주는 것이다.

두 번의 창업 과정 참여를 통해 내가 만들어야 할 창업 프로그램은 단순 창업 지원이 아닌 사회적경제의 본질과 사회적경제 기업가로서 갖춰야 할 정신을 일깨우는 데 초점을 맞춰야 한다는 생각을 확고히 했다. 사회적경제 기업을 창업하는 방법에만 초점을 맞추는 과정이 아니라 우리가 왜 사회적 가치를 추구하고 사회적 목적 달성을 위해 어떤 노력을 해야 하는지를 깨닫게 하는 과정이 돼야 한다. 이러한 기본 철학을 갖춘 후에는 창업 준비부터 창업 시까지의 전 과정을 밀착 지원하고 창업 이후 성장까지도 지원할 수 있는 프로그램이 필요하다고 생각했다.

지금까지 조사하고 고민했던 내용을 정리하기 위해 사업계획서를 작성했다. 스왓(SWOT) 분석을 통해 나의 강약점과 시장의 기

| 단계 | 주요 수행 활동 | 1 | 2 | 3 | 4 | 5 | 6 | 7 | 8 | 9 | 10 | 11 | 12 | 산출물 |
|---|---|---|---|---|---|---|---|---|---|---|---|---|---|---|
| 착수 | TF구성 및 기본안 마련 | ■ | | | | | | | | | | | | - 설립 및 운영안 |
| 설계 | 자료수집 및 정리<br>- 사회적경제기업 현황조사<br>- 타 창업프로그램 컨텐츠 분석<br>- 정부지원제도 조사 | | ■ | ■ | ■ | | | | | | | | | - 조사 결과서 |
| | 교육과정 커리큘럼 개발 및 확정 | | | | | ■ | | | | | | | | - 커리큘럼 |
| | 온라인 플랫폼(WEB, APP) 사전조사 | | | | | ■ | | | | | | | | - 플랫폼 기본안 |
| 개발 | 창업과정 교재개발<br>- 창업기본과정<br>- 창업실무과정<br>- 창업전문과정 | | | | | | ■ | ■ | ■ | ■ | | | | - 창업과정 교재<br>- 강사지침서 |
| | 프로그램 운영진 구성<br>- 분야별 전문가 POOL 구축 | | | | | | ■ | ■ | ■ | ■ | | | | - 전문가 그룹 목록 |
| | 온라인 플랫폼 설계/구축 | | | | | | | | | | | | | - funYouth 플랫폼 |
| 파일럿 | SME 대상 프로그램 시범적용<br>- 프로그램 보완 | | | | | | | | | | ■ | | | - 시범적용 결과서<br>- (보완된) 교재 |
| | 교육시설 확보<br>- 교육장, 교육기자재 | | | | | | | | | | ■ | | | - 구비된 교육환경 |
| 확정 | 프로그램 안내<br>- 홍보물 제작<br>- 참여자 모집 | | | | | | | | | | | ■ | | - 홍보 컨텐츠<br>- 안내문 |
| | 2020년도 프로그램 운영계획 수립 | | | | | | | | | | | | ■ | - 운영계획 |
| 관리 | 재미난청춘세상 마케팅/홍보<br>- 프로그램 개발 및 진행시항 홍보 | | | | | ▪ | ▪ | ▪ | ▪ | ▪ | ▪ | ▪ | ▪ | - SNS 홍보 결과 |
| | 검토 워크숍 | | | | | ▲ | | | | ▲ | | | ▲ | - 워크숍 결과 |

**사회적경제 기업 창업 과정 개발을 위한 일정 계획. 2019년**

회와 위협요인을 정리하고, 기존 프로그램과의 차별화전략을 마련했다. 시장에 제공할 주요 서비스를 정의하고 2019년 말까지 프로그램 개발을 완료한 후, 시범 적용을 거쳐 2020년 3월 초에 과정을 개설하는 일정 계획을 세웠다.

| 주차 | 주요 내용 |
|------|-----------|
| 1-1 | 과정 오리엔테이션 및 Ice Breaking |
| 1-2 | 마인드 프리즘 : 자기혁명 |
| 2-1 | 사회적경제 바로 알기 1: 사회적경제 이해 |
| 2-2 | 사회적경제 바로 알기 2: 사회적경제기업 이해 |
| 3-1 | 사회적경제 바로 알기 3: 사회적기업가 정신 |
| 3-2 | 사회적경제기업 사례연구 1: 국내 |
| 4-1 | 사회적경제기업 사례연구 2: 해외 |
| 4-2 | 마음을 움직이는 소통 글쓰기 |
| 5-1 | 사회적경제기업 경영자와의 대화 1: 청소년 기관 |
| 5-2 | 사회적경제기업 경영자와의 대화 2: 장애인 기관 |
| 6-1 | 사업 구상 및 사업계획 수립 |
| 6-2 | 정부 및 민간기업의 지원제도 |
| 7-1 | 사업모델 개발 1: 소셜 비즈니스 모델 |
| 7-2 | 사업모델 개발 2: 소셜 임팩트/기대효과 |
| 8-1 | 사업모델 고도화: 사업계획서 작성 |
| 8-2 | 사업계획 발표 워크숍 |

사회적경제 기업 창업 1기 기본과정 커리큘럼. 2020년

과정은 크게 두 축으로 아이스브레이킹 및 팀 빌딩을 위한 기본과정과 사회적경제의 본질과 기업가정신을 일깨우는 실전과정으로 구성하기로 했다. 기본과정은 사회적경제에 대한 개념과 사회적경제 조직에 대한 이해 및 사례 그리고 사회적경제 조직 리더와의 대화와 사업모델 개발 및 사업계획서 작성으로 주 2회, 8주간 진

행하도록 편성했다. 과정 초반에는 과정 참가자가 서로 친해지고 몸속의 학습 세포도 일깨우기 위해 자주 만나는 것이 좋겠다는 판단에서였다. 강의는 나와 친분이 있는 분들께 부탁했고, 모두 기꺼이 맡아 주셨다.

문제는 실전과정이었다. 시중의 여타 과정처럼 사회적경제 기업을 창업하는 방법에만 초점을 맞추는 과정이 되어서는 안 되었기 때문이다. 하지만 사회적경제 분야에 아는 사람이 별로 없던 나로서는 마땅한 방법이 있지도 않았다. 그러던 어느 날 사회관계망서비스인 페이스북에서 어떤 분이 올린 "사회적경제 과정 구성 및 운영안"이라는 글을 보게 됐다. 사회적 가치를 추구하고 사회적 목적 달성을 위해 사회적경제의 본질을 가르치는 교육이 돼야 한다며, 본인이 구상한 교육과정 커리큘럼을 소개하는 글이었다.

그런데 우연하게도 이 글을 올린 분이 예전에 『사회적경제학』이라는 책 출판 기념으로 숭실대학교 사회복지대학원에서 특강을 가졌던 강남대학교의 최중석 교수였다. 나도 그때 특강에 참석해서 인사를 나눴던 터라 바로 연락하고 만나, 내가 하려는 재미난청춘세상의 사회적경제 기업 창업 프로그램을 설명하고 과정 운영에 관해 협의했다. 마침 최 교수님께서도 과정은 개발해 뒀는데, 이 과정을 운영하겠다는 기관이 없던 차라 우리 둘은 쉽게 의기투합했다.

다만 우려가 됐던 것은 최 교수님이 제안한 실전과정이 총 16주로 구성되어 있어, 이미 8주 기간으로 편성되어 있는 기본과정까지 합치면 총 24주의 교육 기간이 필요하다는 것이었다. 교육받기 위해 거의 반년의 기간이 필요한데, 과연 이 긴 기간 동안 온전히 교육받을 수 있는 참가자가 얼마나 될까 싶었다. 그뿐만 아니라 실전과정은 이론을 담당하는 주임 멘토(최중석 교수)와 현장경험을 보유한 전문 멘토가 함께하는 구조여야 한다고 해서 강사료로 지급해야 하는 비용도 처음 계획과는 달리 2배가 필요했다.

| 주차 | 학습테마 | 이론(강의) | | | 실습(팀티칭) | | |
|------|----------|------|------|------|------|------|------|
| | | 이론 | 사례 | 토론 | 실습 | 성찰 | 계획 |
| 9, 10 | · 사회적기업가 정신 | O | O | O | O | O | O |
| 11, 12 | · 사회적 가치 제안 | O | O | O | O | O | O |
| 13, 14 | · 사회적경제 비즈니스 모델 설계 | O | O | O | O | O | O |
| 15, 16 | · 이해관계자 지배구조 및 지역공동체 조직화 | O | O | O | O | O | O |
| 17, 18 | · 비즈니스 네트워킹 및 사회적 마케팅 | O | O | O | O | O | O |
| 19, 20 | · 사회적경제 성과와 기업경영(재무) 분석 | O | O | O | O | O | O |
| 21, 22 | · 사회적 영향 측정 및 투자 | O | O | O | O | O | O |
| 23, 24 | · 사회적경제 비즈니스 모델 발표 및 피드백 | | | | | | |

**과정운영 방법**

· 학습테마는 ①사회적 가치 제안 → ②사회적 운영 전략 → ③사회적 성과 창출 → ④사회적경제 비즈니스 모델 발표의 순서로 구성하고 각각 1~3개의 주제로 편성하여 총 8개 주제를 학습
· 각 주제의 학습시간은 6시간(이론·사례+토론과 실습+계획(성찰) 각각 3시간 운영)으로 편성하여 총 48시간 운영
· 모든 수업은 주임멘토 1인 + 실무멘토 1인(총 3~4명)으로 구성된 멘토 팀에 의해 운영
· 주임멘토는 전체 주제의 이론 및 사례 콘텐츠 개발 및 제공, 전 과정 토론 및 실습 진행
· 실무멘토는 학습테마별 전문가로 실무적용 측면의 토론 및 실습 등 멘토링 수행

사회적경제 기업 창업 1기 실전과정 커리큘럼. 2020년

나는 계획적인 사람이다. 결정된 사항을 추진하는 데 있어 매우 계획적이다. 그런데 의외로 의사결정을 하기까지는 그다지 계획적이거나 철두철미하지 않다. 직관적으로 마음이 동하면 하기로 한다. 일단 저질러 보기로 했다.

## 신은 우리가 노력할 것을 바랄 뿐이다.

"신은 우리가 성공할 것을 요구하지 않는다. 우리가 노력할 것을 바랄 뿐이다."라는 마더 테레사의 말씀처럼 결과보다는 과정이 중요하다. 과정이 결과를 만들고, 태도가 성과를 낸다. 재능있는 사람이 아닌, 매일 자기 자신과 싸워서 이길 수 있는 사람이 꿈을 이룬다고 하지 않았던가?

기본과정을 담당할 강사 11명과 실전과정을 담당할 멘토 6명

사회적경제 기업 창업 교육과정 운영 워크숍. 2020년

을 대상으로 과정 운영을 위한 워크숍을 가졌다.

재미난청춘세상의 "사회적경제 기업 창업 교육과정"은 과정 참가자 스스로 사회적경제를 이해하고 창업에 대한 의지를 가질 수 있도록 하자는데 뜻을 같이했다. 강사와 멘토는 가르치는 것이 아니라, 앞서 배우고 경험한 것을 전달하는 데 초점을 맞추고 유쾌한 대화와 상호 존중 그리고 배려를 통해 참가자 모두 수업받으러 오는 날이 기다려지는 과정이 되기를 바랐다.

물론 잠재하고 있는 위험은 있었다. 24주간의 교육 커리큘럼은 편성했지만, 아직 운영해보지 않아 과정이 실제로 어떻게 전개되어 나갈지는 몰랐다. 아무리 무료 교육과정이지만 과정에 참가하는 분들은 그들의 소중한 시간을 들이는 것이기에 과정 운영자로서는 최선의 교육이 될 수 있도록 해야 하기 때문이다. 그리고 이왕이면 과정 참가자가 교육과정에 대해 솔직하고 적나라하게 피드백을 해줘야 과정을 개선하는 데 도움을 받을 수 있고, 과정 참가자가 직접 교육 내용과 참여 소감을 입소문 내준다면 더할 나위 없이 좋을 것이다. 이런 여러 조건을 고려해서 창업 과정 1기생은 내가 아는 분 중 사회적경제에 관심이 있는 분들로 모집했다.

2020년 3월 3일, 재미난청춘세상의 사회적경제 기업 창업 교육과정이 문을 열었다. 2014년 말에 세웠던 라이프 로드맵과는 다소 차이가 있기는 했지만, 그래도 지난 5년간 마음에 담았던 일을 시작하게 됐다. 문이 열려 있는 곳, 가진 것을 가장 잘 쓸 수 있는 곳을 발견하면 그 일에 엎어져야 한다. 명예나 돈 때문만이 아니다.

2014년 우연한 공명에 떨림을 얻었고, 의심하지 않고 이 길로 들어섰다. 이제 과정을 운영하며 거기에 나의 계획을 보태나가면 되는 것이다.

"널리 사람과 공동체의 이로움을 추구하라!"라는 '홍익인간(弘益人間)' 정신은 우리의 건국이념이자 교육이념이기도 하다. 홍익인간이 추구하는 가치는, 모든 문명의 장치는 인간의 행복을 위해 봉사해야 한다는 '인본주의 사상'과 사람을 위해 봉사하는 정신을 위대하게 보는 '이타주의 정신'을 의미한다. 이것은 '사회경제적 가치'의 출발점인 동시에 궁극적인 목표이기도 하다. 그리고 나는 이러한 가치를 과정에 참가하는 분들이 직접 보고 느낄 수 있도록 창업교육과정 내에 녹여 넣었다. 저녁 늦게 수업을 오는 분들을 위해 매 시간 김밥이나 샌드위치를 준비했고, 밸런타인데이나 부활절, 어버이날 등 기념일에는 사회적기업이 생산한 제품을 선물로 증정하는 이벤트도 마련했다. 사람이 가장 필요로 하는 감정은 다른 이들이 당신에게 고맙다고 여길 때의 감정이라는 것을 느끼게 해주기 위해서였다.

그래서였을까? 1기 과정 참가자 대부분이 직장인이었음에도 꼬박꼬박 수업에 참석해 줬다. 주 2회 저녁에 3시간씩 8주간 진행하는 기본과정 수업과 주 1회 3시간 진행하지만, 기본과정에 비해 깊이 있는 내용을 다루는 실전과정 수업은 부담스러웠을 텐데도 최종 출석률이 93%에 이르고 개근한 사람이 2명이나 있을 정도였다. 심지어 어떤 참가자는 수업받으러 오는 날이 기다려진다고 할 정도였다. 물론 교육 내용적인 측면에서 보완이 필요한 부분도 많이 있었다.

1기 참가자는 총 9명으로 40대가 3명, 50대가 6명이었다. 남자가 7명, 여자가 2명이었는데, 이 가운데 7명은 취업 중이었고 2명만이 창업을 준비하고 있었다. 대부분 사회적경제 및 사회적기업에 대한 지식이나 경험은 초보 수준이었다. 과정 전반에 대한 교육 만족도는 5점 만점에 4.53점으로 처음 시행한 교육임에도 만족도가 높은 편이었으나, 세부적으로는 과정 개선에 대한 욕구도 많았다.

가장 대표적인 개선 요구사항은 교육 기간과 시간 그리고 어려운 이론 내용이었다. 직장인이 많다 보니 24주간 교육에 참석하는 것에 대한 부담이 컸고 특히 8주간의 기본과정은 주 2회, 3시간씩 진행하다 보니 이에 대한 부담이 컸었던 것 같다. 실전과정은 주 1회 진행하여 참석에 대한 부담은 덜했으나, 이론 위주의 교육을 따라가는 데 어려움을 겪는듯했다. 아무래도 사회적경제 초보자인 사오십 대 직장인이 일 마치고 저녁 시간에 3시간 동안 생소한 사회적경제 이론을 배운다는 것이 힘겨웠을 것이다.

1기 참가자들의 과정 개선 의견을 토대로 우선 교육 기간을 기존 24주에서 21주로 줄였다. 8주간 진행했던 기본과정을 5주로 줄이고 교육 시간도 매회 2시간으로 줄였다. 실전과정은 기존처럼 16주를 진행하되 이론 강의의 비중을 낮추고 현장 사례를 듣는 시간을 늘렸다. 수업 1교시는 이론을 그리고 2교시는 해당 주제와 관련한 현장 사례를 소개하는 시간으로 구성하고 이를 위해 멘토진을

| 영역 | 이슈 | 해결방안 |
|---|---|---|
| 강사/<br>멘토 | 강의 진행과 방법이 지루함 | • 시간 배분(집중과 선택), 토론진행의 계획성, 시각적 자료(ppt, excel 등) 활용 |
| | 교육생들과 소통하는 방식이 아닌 강사의 일방적인 강의 | |
| | 간결하지 않은 설명(중복, 부연 설명이 많아 핵심 포인트를 놓침) | |
| | 멘토 개인 얘기가 중심이 되더라도 가능한 해당 주차 주제에 맞는 얘기나 최소한 해당 주차 주제와 관련된 내용이 포함되도록 | • 멘토가 얘기할(강연할) 주제, 방향 내용에 대해 사전 협의 또는 조율 |
| 참가자 | 참가자들이 보다 적극적으로 참여할 수 있는 환경 조성 | • 예습 및 복습 독려, 쪽지시험 및 발표 평가 → 학업우수자 포상<br>• 실습과제에 대한 준비사항(요청사항)을 사전에 명확하게 제시<br>• 개인별 사업 아이템이 없는 참가자들에게는 사전에 예시 제공 |
| | 개인별 또는 팀별 실습결과 발표시간이 늘어져 멘토 피드백이 충분히 이뤄지지 못함 | • 실습 발표 방법에 대한 가이드(발표시간, 내용 등) 및 발표시간 엄수<br>• 멘토님들께 발표자료 사전 전달 |
| 교안 | 최신 내용, 현장 사진, 동영상 등 생동감 있는 내용으로 구성 | • 강사/멘토에게 과정 시작 전에 교안을 받아 필요 시 보완 요청 |
| | 예시를 들 때는 가능한 일반 기업이 아닌 (국내)사회적경제 기업으로 | |
| | 토론 및 실습 방식의 교육과정에 맞는 교육 교재 보완 → 생각하고 얘기할 수 있는 포인트 식별 | • 워크숍 텍스트북 실습양식에 예시 포함 (양식, 작성가이드, 샘플) |
| 운영 | 3시간 교육은 길다고 생각 → 2시간 또는 2시간 30분으로 조정 | • 기본과 준비과정 통합 및 2시간으로 조정 |
| | 적절한 타임에 쉬는 시간 갖기 | |
| | 사회적경제 조직 현장 방문: 최소 2회 | • 기관/조직 방문수업 진행 |
| | 다양한 강사/멘토와 네트워크 형성 및 친밀한 관계 유지 | • 강사, 멘토, 수료생 네트워크: SNS 활용 |

사회적경제 기업 창업 교육과정 개선안. 2020년

보강했다. 모든 답은 현장에 있다. 연륜과 경험은 사물의 핵심에 가장 빠르게 도달하는 길의 이름이기 때문이다. 다양한 분야에서 앞서 경험한 멘토진의 보강은 노하우와 조언을 구하는 데도 보탬이 됐다.

지금은 1기생들과 얘기할 때 농담 삼아 '마루타'였다고 하지만, 실제로 1기생들이 과정에 참여하며 보여 준 노력과 피드백 덕에 2기 과정은 더 안정적으로 운영할 수 있게 되었다.

나는 배우고 있습니다.
다른 사람이 나를 사랑하게 만들 수 없음을 나는 배우고 있습니다.
내가 할 수 있는 일이 있다면 사랑받을 만한 사람이 되는 것뿐입니다.
사랑은 사랑하는 사람의 선택입니다.
내가 아무리 마음을 쏟아 다른 사람을 돌보아도 그들은 때로 보답도 반응도 하지 않는다는 것을 나는 배우고 있습니다.

신뢰를 쌓는 데는 여러 해가 걸려도, 무너지는 것은 한순간이라는 것을 나는 배우고 있습니다.
인생은 무엇을 손에 쥐고 있는가에 달린 것이 아니라, 믿을 만한 사람이 누구인가에 달려 있음을 나는 배우고 있습니다.

우리의 매력이라는 것은 15분을 넘지 못하고, 그다음은 무엇을 알고 있느냐가 문제임도 나는 배우고 있습니다.

다른 사람의 최대치에 나 자신을 비교하기보다는 나 자신의 최대치에 나를 비교해야 한다는 것을 나는 배우고 있습니다.

그리고 또 나는 배우고 있습니다.
인생은 무슨 사건이 일어났는가에 달린 것이 아니라, 일어난 사건에 어떻게 대처하느냐에 달려 있음을.
무엇을 아무리 얇게 베어낸다 해도 거기에는 언제나 양면이 있다는 것을 나는 배우고 있습니다.

나는 배우고 있습니다.
사랑하는 사람들에게는 언제나 사랑의 말을 남겨 놓아야 한다는 것을.
어느 순간이 우리의 마지막의 만남이 될지 아는 사람은 아무도 없습니다.

해야 할 일을 하면서도 그 결과에 대해서는 마음을 비우는 자들이 진정한 의미에서의 영웅임을 나는 배웠습니다.
사랑을 가슴속에 넘치게 담고 있으면서도 그것을 나타낼 줄 모르는 사람들이 있음을 나는 배우고 있습니다.
나에게도 분노할 권리는 있지만, 타인에 대해 몰인정하고 잔인하게 대할 권리는 없음을 나는 배우고 있습니다.

우리가 아무리 멀리 떨어져 있어도 진정한 우정은 끊임없이 두터워진다는 것을 나는 배우고 있습니다.
그리고 사랑도 이와 같다는 것을.
내가 바라는 방식대로 나를 사랑하지 않는다 해서 나의 모든 것을 다해 당신을 사랑하지 않아도 좋다는 것이 아님을 나는 배우고 있습니다.

또 나는 배우고 있습니다.
아무리 좋은 친구라고 해도 때때로 그들이 나를 아프게 하고, 그렇다고 해도 그들을 용서해야 한다는 것을.
그리고 타인으로부터 용서를 받는 것만으로는 불충분하고 내가 나를 때로 용서해야 한다는 것을 나는 배우고 있습니다.

나는 배우고 있습니다.
아무리 내 마음이 아프다고 해도 이 세상은 내 슬픔 때문에 운행을 중단하지 않는다는 것을 나는 배우고 있습니다.
환경이 영향을 미친다고 하더라도 내가 어떤 사람이 되는가 하는 것은 오로지 나 자신의 책임인 것을 나는 배우고 있습니다.

우리가 서로 다툰다고 해서 서로가 사랑하지 않는 게 아님을.
그리고 우리가 서로 다투지 않는다고 해서 서로 사랑하는 게 아니라는 것도 나는 배우고 있습니다.
밖으로 드러나는 행위보다 인간 자신이 먼저임을 나는 배우고 있습니다.
두 사람이 한 가지 사물을 바라보면서도 보는 것은 완전히 다르다는 것도 나는 배우고 있습니다.

그리고 또 나는 배우고 있습니다.
앞뒤를 계산하지 않고 자신에게 정직한 사람이 결국은 우리가 살아가는 데서 앞선다는 것을.
내가 알지도 보지도 못한 사람에 의해 내 인생의 진로가 달라질 수도 있다는 것을 나는 배우고 있습니다.

나는 배우고 있습니다.
이제는 더 이상 사람들을 도울 힘이 내게 없다고 생각할 때도 사람들이 내게 울면서 매달릴 때는 여전히 그를 도울 힘이 나에게 남아 있음을 나는 배웠습니다.

글을 쓰는 일이 대화를 하는 것과 마찬가지로 내 마음의 아픔을 덜어 준다는 것을 나는 배웠습니다.

나는 배웠습니다.
내가 너무나 아끼는 사람들이 너무 빨리 이 세상을 떠난다는 것을.

그리고 정말 나는 배우고 있습니다.
타인의 마음을 상하게 하지 않는 것과 내가 믿는 것을 위해 내 뜻을 분명히 밝히는 것, 이 둘을 엄격히 구분하는 것이 얼마나 어려운지 나는 배우고 있습니다.

나는 배우고 있습니다.
사랑하는 것과 사랑받는 것을.

샤를 드 푸코

—

# 재미난 청춘 세상

—

**재**미난청춘세상은 선언하노라!

**미**친 듯 가는 세태에 휩쓸리지 않고,

**난** 오로지 따뜻한 세상을 만들겠다고.

**청**춘과 청춘이 한마음으로 뭉쳐서

**춘**하추동 일 년 열두 달 365일,

**세**상을 위해 한 걸음씩 걸어가니

**상**상만 해도 재미나지 않는가!

최종섭

## 생각은 말이 되고 행동이 되고
## 습관이 되고 운명이 된다.

사람은 대개 자기의 운명을 스스로 만들어 가고 있다.
운명은 외부에서 오는 것 같지만, 알고 보면 자기 자신의 약한 마음,
게으른 마음, 성급한 버릇, 이런 것들이 결국 나쁜 운명을 만든다.
어진 마음, 부지런한 습관, 남을 도와주는 마음,
이런 것이야말로 좋은 운명을 여는 열쇠이다.
운명은 용기 있는 사람 앞에서는 약하고,
비겁한 사람 앞에서는 강하다.

세네카

아프리카 코사족의 속담에 "빨리 가려면 혼자 가고, 멀리 가려
면 함께 가라."는 말이 있다. 공존이나 상생을 이야기할 때 자주 언
급되는데, '다른 이의 도움이 있어야 성공할 수 있다'라는 의미다.
누구나 해 보지 않은 것에 대한 망설임과 두려움이 있다. 이를 함께

나눌 조력자가 있으면 열정을 지속시키는 데 많은 도움이 된다. 나 역시도 시도해 보지 않은 프로그램 운영에 대한 어려움은 있었다. 하지만 사회적경제 기업 창업 교육과정 1기 운영을 통해 얻은 경험과 옆에서 도움을 주는 20여 명의 멘토진이 있어 이후 2기부터 4기까지 비교적 순탄하게 프로그램을 진행할 수 있었다.

매주 화요일과 금요일 저녁에 2시간씩 5주간 진행하는 기본과정에서는 사회적경제에 대해 본격적으로 배우기에 앞서 과정 참가자가 서로를 알아가고 그동안 잠재우고 있었던 학습 세포를 일깨우는 데 초점을 맞췄다. 자기가 모르고 있던 잠재력을 깨워 자기다움을 찾아가는 여정인 '자기혁명', 사장이 되면 누구나 경험하게 되지만 아무도 미리 알려주지 않는 이야기처럼 사장이 되기 전에 미리 알았더라면 좋았을 것들을 경험으로 정리한 '사장학(社長學)', 지구를 살리는 지속 가능한 방법인 의식 전환과 실천과제를 다루는 '생태환경', 디지털 전환 시대에 사회적경제 기업 창업자가 주목해야 할 'IT 동향과 전망', 사회적경제 현장에서 활발히 활동하고 있는 사회적경제 기업 경영자 및 재미난청춘세상 선배와의 대화 그리고 팀 빌딩 회식 등으로 구성했다.

5주간의 기본과정이 끝난 후, 이어지는 16주간의 실전과정은 매주 금요일 저녁에 3시간씩 진행한다. 사회적경제 방식을 통한 지역사회 문제 해결과 사회적 목적 및 사회적 가치 창출을 본질로 창업을 준비하려는 청춘들을 위한 과정이다. 사회적경제 기업가 교육과정에서 다뤄야 할 '사회적 가치 제안'과 '사회적경제 운영 전략'

그리고 '사회적 성과 창출'의 세 가지 영역에 관한 충실한 콘텐츠 제공과 사례학습, 토론 및 실습의 열린 학습 형태로 운영한다. 매시간 두 명의 멘토가 와서 한 명은 이론을 강의하고 한 명은 현장 사례를 들려준다.

현장 사례는 발달장애인이나 정신장애인 그리고 거리 노숙인이나 이주노동자처럼 사회적 약자의 자활을 위해 사회적경제 조직을 운영하는 분들과 사회적경제 중간 지원조직과 사회적경제 연구조직과 같이 사회적경제에 입문할 때 마중물 역할을 해주는 분들 그리고 사회적경제 마케팅과 재무, 회계 및 투자 조달처럼 사회적경제 조직의 성장을 도와주는 분들이 소중한 경험을 나눠준다.

실전과정에서는 2주마다 과정 참가자 각자의 사업 아이디어나 계획을 발표하고 멘토와 동기의 피드백을 받고 있는데, 이를 통해 처음에 다소 어설프던 아이디어나 계획이 다듬어지면서 16주 후에 최종적으로 사업 계획을 발표할 때는 제법 그럴듯한 결과물이 나오고 있다.

수료식 날의 낭독극 공연은 사회적경제 기업 창업 교육과정의 피날레다. 대학로의 유명 연극배우 두 명이 미국 실리콘밸리의 철학자이자 벤처투자가인 랜디 코미사의 기업가정신을 다룬『승려와 수수께끼』라는 책을 낭독하는 공연을 한다. 실리콘밸리 기업가의 성공하는 삶을 위해 전하는 아주 특별한 가르침을 명품 목소리로 듣는 감동은 색다르다.

『승려와 수수께끼』 낭독극 장면. 2021년 수료식

2020년 3월부터 2022년 2월까지 4기 졸업생을 배출했다. 총 40명으로 20대부터 70대까지의 다양한 세대가 참가하였는데, 50대가 21명으로 50% 이상을 차지했으며 그다음으로 40대와 60대가 각 6명으로 전체의 30% 비중을 차지했다. 남녀 성비는 55대 45로 비교적 고른 분포를 보였다. 졸업생 중 20%가 창업을 했고, 50%가 창업을 준비하고 있으며, 나머지 30%는 당장 창업 계획은 없더라도 몇 년 후에 우리 사회를 위해 어떤 일을 하겠다고 하는 인생 로드맵을 설정했다.

도시 숲 관리 및 숲 자원 업싸이클링 사업을 하면서 앞으로 대한민국 전역의 숲지도를 만들고 이를 통한 건축용 나무의 재조림과 국내 목 활용 시스템 및 국내 목 시장 구축을 계획하고 있는 기업가도 있고, 주민들의 자원 활동을 기반으로 아이들을 위한 다양한 프

| 구분 | 1기 | 2기 | 3기 | 4기 |
|---|---|---|---|---|
| 강사/멘토 | 18명 | 21명 | 21명 | 20명 |
| 교육생 | 9명 | 10명 | 12명 | 9명 |
| 교육과목 | 22개 | 20개 | 21개 | 21개 |
| 교육기간 | 24주 | 21주 | 21주 | 21주 |
| 교육시간 | 94시간 | 64시간 | 66시간 | 66시간 |
| 출석률 | 93% | 92% | 91% | 92% |
| 개근생 | 2명 | 3명 | 2명 | 2명 |
| 참가자 팀 빌딩 회식 | 4회 | 2회 | 0회 | 0회 |
| 강사/멘토 미팅 | 2회 | 2회 | 6회 | 2회 |
| 쪽지시험 | 미 실시 | 4회 | 7회 | 6회 |
| 실습과제 발표 | 7회 | 7회 | 7회 | 6회 |
| 교육과정만족도 | 4.58 | 4.63 | 4.63 | 4.76 |
| 학업우수자 | 미 선정 | 1명 | 1명 | 1명 |
| 창업계획 발표 | 4건 | 6건 | 8건 | 5건 |

숫자로 보는 1, 2, 3, 4기 과정

로그램, 생태 활동 및 지역 축제 등을 꾸리며 '내 이웃의 아픔을 내 아픔으로 느끼는' 마을공동체를 이루고 지역사회의 다양한 문제들을 사회적경제 방식으로 풀어가는 혁신가도 있다.

거창한 사업까지는 아니더라도 남편 퇴직 후에 지방에서 카페를 운영하며 이웃사촌 결연사업으로 연결된 조손가정이나 다문화 가정 아동에게 정서적으로 필요한 다양한 유형의 돌봄을 하겠다는 참가자도 있다. 재미난청춘세상에 와서 설계한 인생 2막을 실천해 나가기 위해 졸업 후에 서울시 기술원에서 바리스타 및 제과, 제빵 교육을 받고 기능사 자격을 취득하였다. 취업이 힘들어 창업해볼까 하는 마음으로 참가했던 청년 구직자는 과정이 끝나갈 무렵 "앞으로 '어떤 일'을 하기보다 '어떤 사람'이 되어야겠다고 생각하게 된 값진 경험"이었다는 소회를 밝히기도 했다.

내가 재미난청춘세상을 운영하는 이유는 '나누는 사회'를 만들자는 것이다. 청년이야 아직 가진 게 별로 없겠지만, 퇴직자나 퇴직 예정자는 기본적으로 삶이 유지되고 또 정도의 차이는 있겠으나 경제적으로 여유가 있기도 하다. 나는 이들이 본인들이 가진 것을 우리 사회에 나눠주었으면 하는 바람이다. 그래서 나부터 나눔을 실천하자는 의미에서 무료로 과정을 진행하고 있다. 내 주업인 IT 컨설팅 회사를 경영하고 사업을 수행하며 번 돈과 생활비를 줄인 돈으로 재미난청춘세상을 운영하고 있다. 재미난청춘세상 운영을 위해 별도의 인건비를 지급할 수 있는 형편이 아니다 보니 재미난청춘세상과 관련한 기획부터 운영까지 거의 혼자 도맡아 하는 실정이라 시간적인 노력도 많이 소요된다. 그러다 보니 들이는 노력과 비용 대비 정말 내가 바람직한 일을 하는 것인지에 대한 회의감이 들 때도 있다. 간혹 오랜 세월 몸에 밴 자기중심적 삶의 태도에서 벗어나지 못해 매사에 부정적이거나 나눔에 소극적이거나 공동체 정신이 부족한 과정 참가자를 대하게 되면 허무하고 허탈해지기까지 한다.

하지만 그럴 때마다 곁에서 따뜻한 위로와 응원을 해주는 분들, 힘들고 지칠 때 온전한 내 편이 있어 다시 시작할 수 있는 용기를 얻고는 한다.

"한 사람의 조건 없는 선한 마음으로 시작된, 재미난청춘세상은 추운 겨울날 누군가가 내어준 따뜻한 국밥 한 그릇처럼 오랫동안 제 가슴에 머리에 남을 것입니다. 한낱 세상의 나그네 같았던 제가 여기 와서 주인장이 정성껏 말아준 뜨순 국밥을 한 그릇 다 비우고 힘을 얻게 되었습니다. 이제 길을 떠나 사람을 만나고, 모으고, 함께 일하고, 언젠가는 그때 그 국밥을 내어준 주인장님처럼 길가는 이들에게 뜨끈한 국밥 말아주는 넉넉한 이들과 함께 있으리라 꿈꿔봅니다."

"사십 대 끝자락, 오십 대로 넘어오면서 다가온 화두가 어느 책에서 읽은 오십 대 이후에도 가질 수 있는 비전이었습니다. 교육 내내 비전을 같이 나누어 준 동기분들께 감사하고, 깊이 우러나오는 경험과 이론을 아낌없이 나눠 주신 강사님들과 멘토님들께 감사드립니다. 오랫동안 서로의 비전을 함께 나눌 수 있는 동지 같은 친구들을 만나 행복합니다."

"재미난청춘세상이 아니었으면 평생 만날 일 없던 인연들을 많이 만났습니다. 그분들의 살아가는 모습이 커다란 충격이기도 하고 때로는 자꾸 주저앉는 저를 일으켜 세우기도 합니다."

"조용히 잠자고 있던 열정과 이타심을 깨우는 시간입니다. 매주 오시는 멘토님들 그리고 함께 공부하는 동기분들이 그렇게 살고 있으십니다. 자극되어 함께 묻어갑니다. 가슴 벅차고 행복한 시간이었습니다."

"먼저 길을 가고 계시는 많은 선배님의 강의를 들으며, 때론 울컥하기도 하고 때론 존경과 선망의 눈빛을 보내기도 하면서 나도 모르는 사이 사회적기업가 정신이 이미 스며들어 있는 나 자신을 발견할 수 있었습니다."

"모두가 추구하는 가치가 닮아서인지 강의해 주신 모든 분의 말씀 하나하나가 마음에 깊이 와닿았습니다. 사회적으로 소외당하고 힘든 사람들이 우리 주변에는 너무도 많이 계신다는 것을 잘 알면서도 행동에 옮기지 못했는데, 그들을 위해 무엇을 할 수 있을지

한 번 더 생각해보는 시간이 되었습니다. 재미난청춘세상에 참여해주신 여러 교수님과 강사님들의 말씀 하나하나 깊이 새기며 앞으로 나보다 힘든 사회의 구성원들에게 기꺼이 다가갈 수 있는 삶을 살고 싶습니다."

누구나 할 수 있는 일을 꾸준히 하는 건 누구나 할 수 없다. 나는 꾸준함이 가져올 결과를 믿는다.

## 재미난청춘세상

> 만물은 서로 의존하는 데에서 그 존재와 본성을 얻는 것이지 그 자체
> 로서는 아무것도 아니다.
>
> 프리초프 카프라

재미난청춘세상의 사회적경제 기업 창업 교육과정은 창업이
라는 명칭을 쓰고는 있지만, 엄밀히 얘기하면 창업보다는 사회적기
업가 정신을 고취하고 과정 참가자들이 우리 사회에 나누는 마음을
갖도록 하는 데 주안점을 두고 있다. 물론 실전과정에서 2주 간격으
로 사업 아이디어나 사업 계획을 발표하는 실습을 하지만, 그렇다
고 교육과정에서 계획서를 꼼꼼하게 검토해 주거나 다듬어 주거나
정부 지원금을 활용하는 방법을 알려주지는 않는다. 실제로 초점을
맞추는 것은 우리 사회에 대한 의식이 깨어나서 실행하도록 하는
것이다. 그래서 재미난청춘세상의 사회적경제 기업 창업 교육과정

에는 사회적경제 현장에서 사회적 가치를 위해 오래도록 활동해 오신 분들을 대거 멘토로 모시고 있다. 그들의 삶의 얘기를 듣고 그들의 기운을 느끼도록 하기 위해서다.

또한 우리는 교육이라는 매개체를 통해 만났지만, 단순 만남으로 끝나는 것이 아니라 인연을 쌓아 가는 노력을 통해 공동체를 구성해 가고 있다. 현재 약 60여 명의 각기 다른 분야의 전문가들로 구성되어 있는데, 지금은 멘토와 멘티의 구분 없이 서로 도움을 주고받는 사이가 되었다. 멘토가 과정 참가자가 되기도 하고 멘티가 멘토가 되어 과정을 이끌기도 한다.

지난 2년간 4개 기수의 과정을 운영하며 매 기수 취합한 창업 교육과정에 대한 개선 요구사항을 반영하고, 재미난청춘세상 공동체 구성원의 참여를 높이기 위해 대대적인 과정 개편작업을 단행했다. 그동안 과정을 이끌어 준 멘토들과 과정 참가자들이 1년간 총 6번에 걸친 워크숍과 정기적인 온 · 오프라인 모임을 통해 개편 방안을 논의하고 자료를 조사하고 의견을 제시하며 보완을 했다. 그리고 과정 참가자 가운데 15명을 주제 영역별 멘토로 새롭게 선정해 기존 멘토들과 함께 호흡을 맞춰 과정을 운영할 수 있도록 했다. 이를 통해 재미난청춘세상 공동체의 활성화를 도모하고, 신임 멘토 양성을 통한 선순환적 멘토링 체계를 구축할 수 있게 되었다.

좋은 일은 서로 축하하고 안 좋은 일은 위로하며 행사가 있을 때는 참석해 응원하고 후원금 모집이나 제품 판매 영업도 도와주고 있다. 재미난청춘세상 1기 졸업생인 김일수님은 군포시 지역 내 취

사회적경제 기업 창업과정 개편 워크숍. 2021년

약계층을 돌보는 '마을안전지킴이 활동가'를 대상으로 전기조명 지식과 일상의 간단한 수리 방법에 대한 교육훈련을 진행하였고, 2기 졸업생인 류화실님은 정신장애인의 치유를 위해 목공예 교육을 진행하고 전시회까지 개최하는 나눔을 실천하고 있다. 또 다른 2기 졸업생인 김규리님이 문화예술 분야 사회적경제 기업 운영을 계획하며, 기획한 '신촌블루스 제1회 문화백신 콘서트'는 티켓판매액의 일부를 취약계층 청소년을 돕는 데 사용하는 착한 공연이었다. 부랴부랴 재미난청춘세상 구성원들과 신촌블루스 짝퉁인 '신촌블루투스'를 결성하여 참여했다. 메인 공연 시작 전에 분위기 띄우는 역할인데, 엉성한 신촌블루투스로 인해 더 빛을 발한 신촌블루스 공연이 되었다.

"주인장님, 도와주세요. 재제조 토너와 쇼핑백 작업이 넘쳐나는데, 내일은 판촉물 수백 박스 작업도 해야 해요!"

장애인 직업재활시설인 가나안근로복지관 이혜정 관장의 긴급 부름을 받고는 묻지도 따지지도 않고 달려갔다. 연말 납품해야 하는 물량이 많은데, 일손이 턱없이 부족하다는 말에 재미난청춘세상 구성원들이 함께 갔다. "학사, 석사, 박사 위에 밥사. 밥사 위가 술사. 그리고 술사 위 최고봉 봉사."라는데 이로써 우리는 최고의 경지에 올랐다.

재미난청춘세상이 그동안 일반인의 사회적경제로의 유입에 초점을 맞췄다면, 앞으로는 사회적경제 조직의 유지와 발전에도 관심을 기울이려고 한다. 사회적경제 조직을 운영하는 분들이 현실적으로 어려움을 겪을 때가 많다. 사회적 가치를 추구하면서 영리기업과 경쟁한다는 것이 아직 우리 사회에서는 힘들기 때문이다. 세상살이 아무리 힘들어도 내 편 한 명만 있으면 살아지는 게 인생살이라고 하니, 그러한 편이 되어 드리려고 한다. 사회적경제 조직 리더를 대상으로 사회적경제의 본질을 되새기고 본인의 초심을 돌아보고 동병상련의 마음으로 대화하며 힐링할 수 있는 프로그램을 운영할 계획이다.

이의 하나로 좋은 일을 하는 사회적경제 리더를 우리 주변에 널리 알려서 선한 영향력을 확산하는 일을 먼저 추진하고 있다. 재

연극 "이유는 있다."
주연배우와 함께

군포 지역민 대상
조명전기수리 특강

마음샘 정신장애인 대상
목공예 교육 및 전시

신촌블루스 "문화백신콘서트"
신촌블루스튜츠 찬조 출연

가나안근로복지관 봉사 활동

재미난청춘세상 공동체 활동. 2021년

미난청춘세상 2기 졸업생인 홍성실님이 주축이 되어 2기 강지수님과 3기 정겨운님이 함께 '착한소문쟁이'라는 프로젝트를 시범적으로 진행했다. 우선은 재미난청춘세상 멘토를 대상으로 인터뷰를 진행하고 사회관계망서비스를 통해 알렸는데, 앞으로는 유력 미디어와 함께 사회적경제 리더를 알리려고 한다. 또한 3기 졸업생인 최지연님께서 사회적경제 기업의 제품을 사용해 보고 후기를 통해 시장에 널리 알리는 '굿스니저'라는 협동조합을 최근에 설립했는데, 이를 통해서도 사회적경제 기업의 우수한 제품을 널리 알려 드릴 계획이다.

여기에 더해서 계획하고 있는 일은 사회적경제 조직의 '사회적 영향' 측정이다. 우리 사회를 위해 좋은 일을 하는 사회적경제 조직이지만, 본인의 사회적 영향이 어느 정도인지 모르는 경우가 많다. 그래서 재미난청춘세상이 측정을 해서 널리 알려 드리려고 한다. 재미난청춘세상이 궁극적으로 지향하는 것은 더불어 행복한 사회를 만들어 나가기 위해 사회적경제인 서로의 경험을 나누고, 도우며 서로에게 위안이 되는 공동체이다.

## 나는 혁신하지 않는다. 전염시킨다.

타인의 마음을 이해하는 일에는 요령이 있다. 누구를 대하든 자신이 아랫사람이 되는 것이다. 그러면 저절로 자세가 겸손해지고 이로써 상대에게 좋은 인상을 안겨준다. 그리고 상대는 마음을 연다.

괴테

리더십의 가장 실용적인 정의는 '다른 사람이 나의 성공을 진심으로 돕게 만드는 것'이다. 더 거창하고 가치중립적인 다른 여러 정의가 있지만, 나는 소극적이면서도 솔직한 이 정의가 마음에 든다. 내가 가지고 있지 않은 강점으로 무장한 사람이 열정적으로 나를 도와준다면 나는 내가 진심으로 바라는 것을 얻을 수 있다. 나를 도와줄 사람을 엮어 '휴먼 네트워크'로 관리하고 활용하는 것은 리더십의 가장 기초적인 작업이다. 내가 세상에 시그널을 보내고 내 시그널에 감응해 비로소 교류가 이루어진 사람들, 바로 이들이 내

성공의 가장 중요한 힘이다. 사람과의 관계가 잘 이루어지려면 이해관계를 서로 나눈다는 것만으로는 태부족하다. 사람은 상업적 거래 이상의 존재이기 때문이다. 적어도 다음 세 가지 조건을 만족시켜야 그 관계가 원만하다.

다른 사람이 내 주위에 모여 내 성공을 진심으로 도와주게 하려면 먼저 본인이 매혹적이어야 한다. 매력은 뚱뚱한 사람도 사람을 끌게 하고, 못생긴 사람도 눈길을 잡아둘 수 있게 한다. 매력이란 우리 내면에 사는 가장 아름답고 위대한 것을 끌어낸 사람이 얻게 된 무엇이다. 어떤 사람은 카리스마로 우리를 휘어잡고, 어떤 사람은 따스한 마음씨로 우리를 붙들어둔다. 또 어떤 사람은 통찰력으로, 어떤 이는 노래로, 어떤 이는 통쾌한 한바탕 유머로 우리를 잡아둔다. 자신만의 매력으로 스스로를 드러나게 해야 다른 사람을 잡아둘 수 있다. 자기 스스로를 버리면 누구도 자신을 돌봐주지 않는다. 자신을 먼저 돌봐 스스로 빛나게 하라. 그러면 사람이 모인다. 모든 리더십의 출발은 자신을 먼저 닦는 것이다. 나는 나의 믿음직한 리더이며 내가 이끄는 최초의 추종자다. 이것이 셀프리더십(self-leadership)이다.

휴먼 네트워크는 평소에 잘 가꿔두어야 필요할 때 작동시킬 수 있다. 좋은 조언과 도움은 평소에 잘 가꿔두어야, 때가 되어 추수할 수 있는 진귀한 선물이다. 어느 날 갑자기 잘 알지 못하는 사람이 찾아와 도움을 부탁하면 마음을 다해 도와주기 어렵다. 그리고 그 도움은 기껏해야 동정일 가능성이 크다. 마찬가지다. 좋은 사람을 만나고 그들에게 미리 시간과 애정을 쏟아두어야 그 관계가 깊어지고 튼튼해지며 언제나 작동할 수 있다.

좋은 사람과 좋은 관계를 맺어두는 것은 그 관계로부터 유익함을 얻기 위함이다. 상업적 이익만 얻기 위한 관계는 오래갈 수 없다. 이익이 사라지면 끈도 끊어지기 때문이다. 그것은 관계가 아니라 거래이며 거래는 남는 것이 무엇인지 먼저 따지게 되어 있다. 관계가 중요한 것은 필요할 때 다른 이로부터 그들의 조언과 도움을 얻기 위해서다. 마치 여러 가지로 해석되는 하나의 이야기 속에서 적합한 지혜를 얻어내듯이, 하나의 문제에 대해 그들이 제공하는 다양한 종류의 조언 중에서 정말 내게 필요한 적절한 유익함을 가려 챙기는 것은 내 책임이다. 이 책임을 다른 사람에게 전가하면 그 관계는 부담스러워지고 이윽고 끊어지고 만다.

거래를 통해 내 집단을 만들어 가는 배타적 관계 역시 그 편협성 때문에 위험하고 스스로를 가두는 포박으로 전락하고 만다. 등산을 해 본 사람은 비 오는 날 우비를 입고 등산하기가 얼마나 어려운지 알 것이다. 비로부터 옷이 젖는 것을 막아주지만 산을 오르며 안에서 솟아나는 땀을 배출할 수 없어 참을 수 없이 덥고 답답하기 때문이다. 좋은 관계는 고어텍스 같은 것이다. 물방울은 막아주고 땀은 배출되어 안과 밖이 서로 유익함을 교환할 수 있어야 한다. 관계는 폐쇄성을 의미하는 것이 아니라 나와 세상 사이의 다리여야 한다. 닫힌 관계가 아니라 열린 관계여야 한다.

나는 사람이야말로 가장 중요한 투자처라는 것을 믿는다. 그러나 모든 사람이 다 좋은 투자처는 아니다. 투자는 모든 종목에 돈을 거는 것이 아니다. 내가 가지고 있는 희소한 자원을 좋은 투자처에 집중할 때 높은 수익률이 되돌아오듯이 좋은 사람에게 애정과 시간을 집중해야 한다. 좋은 사람이란 누구인가 하는 기준이 바로 여러분이 누구인지를 결정하는 가치관이다. 나는 좋은 사람에 대한 아주 멋진 기준 하나를 알고 있다.

"내가 서고 싶으면 먼저 그 사람을 세워주어라."

이런 가치를 믿는 사람이 좋은 사람이다. '다른 사람의 불행과 희생 위에 나의 성공을 쌓는 사람'은 경계해야 한다. 이런 사람과 얽히면 최악이다. 어떤 사람과 인생을 함께했느냐가 바로 그 사람의 인생이 어떠했는지를 말해주는 가장 결정적인 증거다.

생각 속의 나와 실재의 나 사이에는 괴리가 있다. 그런데도 실재하는 나와 생각 속의 나는 인생을 함께 살아간다. 그러니 일어나지도 않은 일로 걱정하고 분노하고 혹은 기뻐한다. 반대로 일어난 일을 재해석하는 과정에서 왜곡하고 과장하고 제가 믿고 싶은 것만 믿어버리기도 한다. 실재와 가상, 이것이 섞인 이야기가 바로 인생이다. 그러므로 모든 인생은 사건(역사)과 느낌(문학) 그리고 생각(철학)으로 만들어진 이야기다. 이 이야기를 흥미진진하게 만들어 가는 것이 산다는 것이다. 그러므로 지난 이야기가 시시하다면 그건 잘 못 살았다는 것이다. 앞으로의 이야기가 박진감 있게 진행될 것으로 예상된다면 그게 바로 장래가 밝다는 뜻이다. 삶은 크고 작은 사건과 그것에 관한 생각과 느낌으로 구성된다. 그러니까 사건과 사건에 대한 주관적 해석으로 만들어지는 것이 인생이다.

대가를 기대하지 말고 베풀어라. 관대한 사람은 다른 관대한 사람의 관심을 끌게 된다. 그것은 서로 통하는 긍정적인 신호이다. 관대한 사람으로부터의 도움, 그게 바로 행운이 아니고 무엇이겠는가? 오늘 아침 출근길에 자연은 나에게 아무런 대가를 바라지 않고 베풀어 주었다.

이제 내 얘기는 여기서 끝이지만, 지금부터는 여러분의 이야기가 시작되길 바란다.

## 덧붙이기 하나. '품기금'과 '와플'

"공동생활가정(그룹홈)에서 자립은 했지만 도움을 청할 곳이나 기댈 곳이 없는 저에게 '들꽃 자립 품기금'은 숨통이나 마찬가지예요."

여러분의 작은 관심이 누군가에게는 삶의 전환점이 될 수 있다. 사회복지 현장실습을 통해 인연을 맺은 들꽃청소년세상은 어려운 처지에 놓인 청소년을 돌보고 가르치고 자립시키는 비영리기관으로 그동안 이곳을 거쳐 간 청소년이 1천 명이 넘는다. 들꽃청소년세상과 같은 보호시설에 기거하는 청소년은 성인이 되는 만 18세가 되면 독립해야 한다. 시설을 떠날 때 약간의 생활비가 지급되나 자리를 잡을 때까지 쓰기에는 턱없이 부족하다. 그러다 보니 위급한 상황에 부닥친 청소년이 돈이 없어 잘못된 판단을 하기도 한다. 들꽃 자립 품기금은 마이크로크레딧(무담보소액대출) 방식으로 사회로 나간 자립 청소년의 집세 보증금, 대학 등록금, 긴급 생활비, 고리대 부채 탕감 및 자립 청소년 창업 지원자금 등에 쓰이고 있다. 기금대여사업 형태로 기금을 대출한 청소년의 상환금으로 보존하고 있는데,

상환율이 70%에 달할 정도이다. 품기금을 많이 조성할수록 더 많은 청소년이 위험한 상황에 노출되지 않도록 도와줄 수 있다. 그래서 나는 어려운 처지의 청소년이 건강한 사회구성원이 될 수 있도록 '든든한 뭐'가 되어 주기 위해 '품기금 운영위원'으로 활동하고 있다.

청소년이 행복한 지구마을은 청소년은 물론 전 인류사회가 안고 있는 과제이다. 청소년만으로는 해결할 수 없다. 우리 어른이 도움을 준다기보다는 청소년과 '함께'해야 하는 것이다. 그리고 이의 실현을 위해 들꽃청소년세상과 사회적기업 트립티가 함께 '와일드플라워글로벌유스(와플)'라는 비영리기관을 설립해서 운영하고 있다. 1994년부터 위기청소년 보호를 위해 다양한 사업을 펼쳐 온 들꽃청소년세상과 2009년부터 이주노동자 보호 및 태국, 베트남, 인도, 네팔 등지에서 청소년 자립을 지원해 온 트립티가 두 손을 맞잡았다. 와플은 한국, 네팔, 몽골, 탄자니아 등 아시아, 아프리카 청소년과 함께 각 지역에서 각자가 지닌 공동체적 가치를 실현하며 소통하고 관계할 수 있는 다리 역할을 하고 있고, 나 또한 이사로서 참여하고 있다. 저개발국가 청소년이 외국으로 이주노동을 떠나지 않고 자기 나라에서 행복하게 살 수 있는 청소년 친화적인 세계, 지구마을을 함께 만들어 가고자 한다.

간혹 내 주변인 중에 직장을 퇴직하면 봉사활동을 하며 남은 생을 보람있게 살겠다는 분들이 있다. 감사한 일이다. 하지만 그들이 놓치고 있는 것이 있다. 본인이 원하면 봉사활동을 할 수 있을 것이라는 생각이다. 자기 시간과 노력을 기꺼이 내주는 것이니 어디서든 감사하게 받아들일 것이라는 생각은 착각이다. 한국국제협력단에서 해외봉사단을 모집한 적이 있었다. 저개발국가의 오지에 사는 어린이들을 위한 교육지원 사업이었다. 봉사단에 선발되면 1년간 교육지원 활동을 하게 되는데 교통비와 생활비만 지급할 뿐 급여는 따로 없었다. 한 부부가 퇴직 후 보람 있는 여생을 보내기 위해 봉사단 모집에 지원했다. 남편은 최첨단 기술력을 보유한 중소기업을 경영했던 사장이었고 아내는 유치원 원장이었다. 부부는 급여도 받지 않고 봉사하는 것인 만큼 당연히 선발되리라 생각했다. 부부는 타지에서 의미가 있고 보람이 있는 활동을 함께한다는 생각에 마음이 다소 들뜨기도 했다. 하지만 결과는 아내만 선발됐다. 아이들을 가르치는 데 최첨단 기술을 보유한 사장 경력은 그다지 쓸모가 없었다.

여러분은 어떤가? 여러분이 지금까지 쌓아 온 경력이나 경험이 봉사 현장에서는 유용하지 않을 수 있다. 나이 들어 체력이 쇠약해지다 보니 몸으로 때우기도 쉽지 않다. 괜히 봉사한답시고 오히려 걸리적거리기에 십상이다. 따라서 퇴직 후까지 기다리지 마라. 지금 당장 관심을 두고 봉사활동을 시작해라. 그러다 보면 본인이 관심이 있고 적성에도 맞는 봉사활동을 만날 수 있다. 내가 위에서 취약계층 청소년을 위해 참여하고 있는 활동을 소개한 이유이다. 나는 여러분이 꿈을 꾸고 그 꿈을 주변에 알리기를 바란다. 꿈을 꾸는 사람들이 모이면 세상은 지금보다는 더 나아질 것이기 때문이다.

# 덧붙이기 둘. 자주 하는 질문

**Q1** 사회적경제와 사회적경제 기업이 무엇인가요?

**A1** 사회적경제(Social Economics)는 이윤의 극대화가 최고의 가치인 시장경제와 달리 사회적 가치(Social Value)를 우위에 두는 경제 활동을 말하며, '사람 중심의 경제'라고도 불립니다. 양극화 해소, 양질의 일자리 창출 등 공동이익과 사회적 가치의 실현을 위해 사회적경제 조직이 상호협력과 사회연대를 바탕으로 사업체를 통해 수행하는 모든 경제적 활동을 말합니다.

사회적경제라는 용어는 1830년 프랑스의 자유주의 경제학자 샤를 뒤누아에 의해 최초로 등장했습니다. 현대 사회에서는 주로 1970년대 신자유주의 등장 이후 자본주의 시장과 국가에서 더 이상 해결해 줄 수 없는 경제적 위기나 사회연대의 부족, 복지국가 기능 약화를 보완할 목적으로 생겨난 대안적 경제의 속성이나 특성으로 받아들여집니다. 종종 제3 섹터, 비영리 영역 또는 시민사회 영역이라는 용어와 함께 사용되기도 합니다.

우리나라에서는 사회적경제를 협동조합이나 비영리법인 등의 조직 형태 또는 사회적기업이나 마을기업 등의 인증 유형과 같은 의미로 혼동하기도 하지만 사회적경제는 조직 형태나 인증 유형이 아니라 새로운 경제체제에 대한 속성이나 특성을 말합니다.

사회적경제 기업은 사회적경제 활동을 영위하는 조직이 자본수익이 아닌 사회적 과정과 사회적 목적 달성을 조직의 가장 중요한 사명으로 경영하면서, 사회적 가치를 창출하고 사회적 영향을 확산하는 개별 경제주체를 말합니다.

사회적 과정이란 조직이 사회적 목적을 달성하는 과정에서 금융 수단 또는 정치적, 경제적, 육체적, 정신적, 문화적 등의 여건이 부족한 사람을 우선으로 고려해야 한다는 의미입니다. 이해관계자의 참여와 민주적인 의사 결정, 공정하고 투명한 운영, 자본보다는 사람과 노동을 중시하고, 협동과 연대 등을 조직 운영의 중요한 원리로 삼는 것을 말합니다.

사회적 목적은 조직이 수익 창출을 주된 목적으로 삼는 것이 아니라, 사회적 약자나 사회서비스 수혜자와 같은 사회적 목표 그룹을 포함한 공동체 구성원 모두의 행복을 목적으로 사회문제를 해결하고 사회혁신을 추구하는 일을 조직의 주된 활동과 방향으로 삼는 것을 뜻합니다.

사회적 가치는 포괄적인 의미로는 개인 또는 자본의 이익보다는 사회적 목표 그룹을 우선으로 고려하면서 공공의 이익과 사람을 중심으로 지역공동체 구성원 등의 이해관계자가 얻는 만족감과 행복감을 말합니다. 세부적으로는 경제적 가치, 사회적 가치, 환경적 가치를 중심으로 각자가 지향하는 사회적 목적에 따라 더욱 다양하게 확대할 수 있습니다.

사회적 영향은 사회문제 해결 및 사회혁신을 위해 수행한 사업이 사회적 목표 그룹 또는 지역공동체 구성원 등 이해관계자가 인지한 이익과 그 이상의 경제적, 사회적, 환경적인 가치를 창출한 중요하고도 긍정적인 변화를 의미합니다.

사회적경제 기업의 대표적인 유형으로는 사회적기업, 협동조합, 마을기업, 자활기업, 소셜벤처 등이 있습니다.

- **사회적기업**

취약계층에 사회서비스 또는 일자리를 제공하거나 지역사회에 공헌함으로써 지역주민의 삶의 질을 높이는 등의 사회적 목적을 추구하면서 재화 및 서비스의 생산·판매 등 영업활동을 하는 기업으로서 법에 따라 인증을 받은 자 (출처:「사회적기업 육성법」제2조 제1항)

- **예비 사회적기업**

사회적 목적 실현, 영업활동을 통한 수익 창출 등 사회적기업 인증을 위한 최소한의 법적 요건을 갖추고 있으나, 수익구조 등 일부 요건을 충족하지 못하고 있는 기업을 지방자치단체장이 지정하여 장차 요건을 보완하는 등 향후 사회적기업 인증이 가능한 기업

- **협동조합**

재화 또는 용역의 구매·생산·판매·제공 등을 협동으로 꾸려나감으로써 조합원의 권익을 향상하고 지역사회에 공헌하고자 하는 사업조직 (출처:「협동조합 기본법」제2조 제1항)

- **사회적협동조합**

지역주민들의 권익·복리 증진과 관련된 사업을 수행하거나 취약계층에 사회서비스 또는 일자리를 제공하는 등 영리를 목적으로 하지 아니하는 협동조합 (출처: 협동조합 기본법 제2조 제3호)

- **마을기업**

지역주민이 각종 지역자원을 활용한 수익사업을 통해 공동의 지역 문제를 해결하고, 소득 및 일자리를 새로 만들어 지역공동체 이익을 효과적으로 실현하기 위해 설립·운영하는 마을 단위의 기업

- **자활기업**

지역자활센터의 자활근로 사업을 통해 습득된 기술을 바탕으로 1인 혹은 2인 이상의 수급자 또는 저소득층 주민들이 생산자협동조합이나 공동사업자 형태로 운영되는 기업 (출처: 국민기초생활보장법)

- **소셜벤처**

개인 또는 소수의 기업가가 사회문제를 해결할 혁신적인 아이디어를 상업화하기 위해 설립한 신생기업

**Q2** 사회적경제 기업은 이윤 발생 시, 취약계층 고용 및 사회공헌을 의무적으로 해야 하나요?

**A2** 사회적경제 기업은 사회적 가치에 기반을 둔 사회문제를 해결하는 것을 조직의 가장 중요한 사명으로 하고 있습니다. 그렇다고 해서 반드시 취약계층을 고용해야 하거나, 사회공헌을 의무적으로 해야 하는 것은 아닙니다. 다만 사회적기업 인증을 받기 위해 준비를 하거나, 인증받으면 의무사항이 부과됩니다. 인증 사회적기업은 정부로부터 다양한 지원을 받을 수 있기 때문입니다.

사회적기업으로 인증을 받게 되면, 회계연도별로 이윤 발생 시 이윤의 2/3 이상을 사회적 목적을 위해서 사용해야 합니다. 그리고 회사의 해산 및 정산 시에도 배분 가능한 잔여재산이 있는 경우, 잔여재산의 2/3 이상을 다른 사회적기업 또는 공익적 기금 등에 기부해야 합니다. 여기서 '사회적 목적을 위한 재투자'란 근로자의 근로조건 개선, 사업확장 등을 위한 시설투자 등도 포함합니다. 회사의 이익잉여금을 1/3 이상 배분하지 않고 우리 회사의 사회적 목적 활동을 위해 재투자하는 것이라고 이해하면 됩니다.

**Q3** 사회공헌을 많이 하는 자선 단체나 회사도 사회적경제 기업이라 볼 수 있나요?

**A3** 취약계층 대상 사업이나 사회서비스 확대 등 공공의 이익을 도모한다는 점에서 자선 단체와 사회적경제 기업은 유사한 점이 있지만, 자선 단체와 사회적경제 기업의 가장

큰 차이점은 어떠한 방식으로 지속 가능성을 유지하느냐에 있습니다. 자선 단체는 수익을 위한 비즈니스를 주요 활동으로 여기지 않고, 정부 보조금이나 기부금, 모금, 프로그램 계약 등으로 단체를 운영하지만, 사회적경제 기업은 재화나 서비스 제공을 통해 수익을 창출하여 지속 가능성을 영위합니다.

일반 영리기업 중에서도 사회공헌활동을 훌륭히 수행하는 기업들이 많이 있습니다. 하지만 '영리 활동을 하며 사회에 공헌(환원)하는 것'과 '기업의 존재 목적이 사회문제 해결'인 것에는 차이가 있습니다. 특히 사회적기업 인증을 받기 위해서는 정관에 존재 목적이 '주주 이익의 극대화'가 아닌 '사회문제의 해결'이라고 명시되어 있어야 합니다.

**Q4** 사회적경제 기업이 정부로부터 받을 수 있는 지원 혜택은 어떤 것이 있나요?

**A4** 「사회적기업 육성법」 제19조에 근거, 고용노동부로부터 사회적기업이나 예비 사회적기업 인증을 받게 되면 법률상 정부로부터 다음과 같은 지원을 받을 수 있습니다.

① 사회적기업의 설립 및 운영에 필요한 경영·기술·세무·노무·회계 등의 분야에 대한 전문적인 자문 및 정보 제공

② 사회적기업의 설립·운영에 필요한 전문인력의 육성, 사회적기업 근로자의 능력향상을 위한 교육훈련

③ 사회적기업의 설립 또는 운영에 필요한 부지구매비·시설비 등을 지원·융자

④ 사회적기업이 생산하는 재화나 서비스의 공공기관 우선구매

⑤ 국세 및 지방세의 감면과 4대 보험료 지원

⑥ 사회적기업의 운영에 필요한 인건비, 운영경비, 자문비용 등 재정지원

이외에도 여러 대기업이나 민간단체의 지원사업을 활용할 수 있습니다.

**Q5** 재미난청춘세상의 사회적경제 리더 과정에서는 어떤 내용을 다루나요?

**A5** 재미난청춘세상의 사회적경제 리더 과정은 사회적경제의 본질과 원칙에 기반하여 사회적경제 리더가 알아야 할 13가지 주제를 중심으로 이론 교육과 주제에 맞는 현장 사례를 제공합니다. 매시간 두 분의 멘토가 각기 이론과 현장 사례를 말씀해 주십니다.

현장 사례는 발달장애인이나 정신장애인 그리고 거리 노숙인이나 이주노동자와 같이 사회적 약자의 자활을 위해 사회적경제 조직을 운영하시는 분들과 사회적경제 중간

지원조직과 사회적경제 연구조직과 같이 사회적경제에 입문할 때 마중물 역할을 해 주시는 분들 그리고 사회적경제 마케팅과 재무, 회계 및 투자 조달처럼 사회적경제 조직의 성장을 도와주시는 분들이 오셔서 소중한 경험을 나눠 주십니다.

재미난청춘세상의 사회적경제 리더 과정은 수료식 날까지 기업가정신을 가르치는 이벤트를 진행하고 있습니다. 대학로의 유명 연극배우들이 오셔서 미국 실리콘밸리의 철학자이자 벤처투자가인 랜디 코미사의 기업가정신을 다룬 『승려와 수수께끼』라는 책을 낭독해 주는 낭독극 공연을 합니다.

**Q6** **재미난청춘세상의 사회적경제 프로그램과 다른 유사 프로그램의 차이점은 무엇인가요?**

**A6** 재미난청춘세상의 사회적경제 리더 과정은 사회적기업가 정신을 고취하고 과정에 참여한 분들이 우리 사회에 나누는 마음을 갖도록 하는 데 주안점을 두고 있습니다.

따라서 사회적경제 리더 과정에서 초점을 맞추는 것은 우리 사회에 대한 의식이 깨어나서 실행하도록 하는 것입니다. 이를 위해 사회적경제 현장에서 사회적 가치를 위해 오래도록 활동해 오신 분들이 대거 멘토로 참여하고 있습니다. 그분들의 삶의 얘기를 듣고 그분들의 기운을 느끼도록 해드리기 위해서입니다.

또한 사회적경제 리더 교육이라는 매개체를 통해 만났지만, 단순 만남으로 끝나는 것이 아니라 인연을 쌓아 가는 노력을 통해 공동체를 구성해 가고 있습니다. 각기 다른 분야의 전문가들로 구성되어 있는데, 지금은 멘토와 멘티의 구분 없이 서로 도움을 주고받는 사이가 되었습니다.

멘토였던 분이 과정에 참여하기도 하고 멘티였던 분이 멘토가 되어 과정을 이끌기도 합니다. 좋은 일이 있으면 서로 축하해 주고 안 좋은 일이 있으면 서로 위로해 주고 행사가 있을 때는 참석해 주고 후원금 모집이나 제품 판매 영업도 도와주고 있습니다.

**Q7** **사회적경제 및 사회적경제 기업과 관련한 지식이나 경험이 부족한 사람도 재미난청춘세상의 사회적경제 리더 과정에 참여할 수 있나요?**

**A7** 사회적경제는 어려운 개념이 아닙니다. 우리가 어려서부터 배웠던 '널리 사람과 공동체의 이로움을 추구하라!'는 '홍익인간(弘益人間)'의 정신입니다. 홍익인간이 추구하는 가치는, 모든 문명의 장치는 인간의 행복을 위해 봉사해야 한다는 '인본주의 사상'과 사람을 위해 봉사하는 정신을 위대하게 보는 '이타주의 정신'을 의미합니다. 이것이 사회적경제의 출발점인 동시에 궁극적인 목표이기도 합니다.

사회적경제 기업을 조직하거나 사회적경제 영역에서 지역 활동가, 프로보노, 비영리

재단 소속 활동, 사회적경제 직무 분야별 컨설턴트 혹은 전문가, 사회적경제 연구자 등과 같은 활동을 수행하기 위해 많은 지식적 배경과 경험이 있어야 하는 것은 아닙니다. 그저 더불어 행복한 사회를 위한 사람 중심의 경제를 함께하겠다는 마음가짐과 의지가 있으면 됩니다. 어쩌면 전문지식과 높은 학력을 보유한 특정 계층의 사람보다 오히려 평범한 보통의 일상생활을 겪으면서, 몸담은 사회를 위해 일하고자 하는 의지가 있는 사람이 더 잘 할 수 있는 분야입니다.

**Q8** 주로 어떤 분야(계층)에 있는 분이 재미난청춘세상의 사회적경제 리더 과정 참가 대상자로 적합할까요?

**A8** 사회적경제 리더 과정은 사회적경제 방식을 통한 지역사회 문제 해결과 사회적 목적 및 사회적 가치 창출을 본질로 사회적경제 분야에서 활동하려는 분이라면 누구나 참가할 수 있습니다. 그뿐만 아니라, 이미 사회적경제 조직을 운영하는 분도 참가할 수 있습니다.

사회적 가치를 추구하면서 영리기업과 경쟁한다는 것이 아직 우리 사회에서는 힘든 것이 현실입니다. 하지만 세상살이 아무리 힘들어도 내 편 한 명만 있으면 살아지는 게 인생살이라고 하니, 그러한 편이 되어 드리려고 합니다.

사회적경제의 본질을 되새겨 보고 본인의 초심을 돌아보고 동병상련의 마음으로 대화하며 힐링할 수 있는 프로그램입니다.

**Q9** 재미난청춘세상의 사회적경제 리더 과정 참가자 선발은 어떻게 하며, 참가 비용은 따로 있는지요?

**A9** 사회적경제 리더 과정은 기수별로 최대 12명인 소수 정예로 운영하고 있습니다. 따라서 참가를 원하는 분 모두를 수용할 수가 없어 부득이 서류전형과 면접 심사를 통해 선발하고 있습니다. 우선 서류전형에서는 과정에 참가하려고 하는 이유와 나중에 무엇을 하려고 하는지를 중점적으로 살펴보는데, 신청서 작성에 성의가 없는 분은 일단 탈락입니다.

서류전형을 통과하신 분을 대상으로 면접 심사를 진행하며, 면접 심사에서는 우리 사회를 위해 하고자 하는 일에 대한 진정성을 주로 살펴봅니다. 이 부분은 정량적으로 파악하기는 어렵고 면접 대상자가 풍기는 느낌과 기운으로 판단합니다.

지금까지의 평균 경쟁률은 2.5대 1입니다. 참가비용은 따로 없습니다.

**Q10** 만약 교육 기간 내에 사회적경제 분야에서의 활동 영역을 못 찾으면 어떻게 되나요?

**A10** 재미난청춘세상의 사회적경제 리더 과정 졸업생 중 일부는 사회적경제 분야에서 창업했고, 일부는 사회적경제 기업에 취업했습니다.

그리고 일부는 창업을 준비하고 있거나, 당장 창업 계획은 없더라도 몇 년 후에 우리 사회를 위해 어떤 일을 하겠다고 하는 인생 로드맵을 설정했습니다. 이렇듯 과정 참가자별로 사회적경제 분야에서의 활동 영역을 찾는 시기는 차이가 있습니다.

따라서, 교육 기간 내에 사회적경제 분야에서의 활동 영역을 못 찾더라도 사회적경제 분야에서 활동할 의지가 있으면, 계속해서 재미난청춘세상의 도움을 받을 수 있습니다.

재미난청춘세상에 관한 상세 정보는 홈페이지(www.funYouth.org)와 페이스북 페이지(@funYouth.org)에서 확인할 수 있습니다.

—

# 재미난 청춘세상을
# 만들어 가는 사람들

—

—

사회적경제 현장에서 사회적 가치를 몸소 실현하고 있는 재미난청춘세상의 멘토님들 이야기입니다.

재미난청춘세상 2기 졸업생인 강지수님, 홍성실님과 3기 졸업생인 정겨운님께서 진행했던 '착한소문쟁이' 인터뷰 내용에서 발췌했습니다.

여건상 인터뷰를 진행하지 못해 이번에 소개하지 못하는 멘토님 이야기는 다음 기회에 전할 것을 약속하며, 이해를 구합니다.

　　지금은 비영리법인인 국제구호개발 NGO '굿피플인터내셔널' 상임이사로 일하고 있는 강대성은 남다른 이력의 소유자다. 그는 1982년 정유회사인 SK에너지(옛 유공)에 입사해 30여 년을 근무했다. 그리고 2011년에는 SK 계열사인 MRO코리아의 CEO로 취임, 당시 영리기업이었던 회사를 사회적기업 '행복나래'로 전환하는 프로젝트를 진두지휘했다. 2016년 은퇴 이후에는 은퇴한 SK 임원들을 찾아가서 "그간 비즈니스 현장에서 쌓은 경험과 노하우를 기반으로 젊은 사회적기업가들에 지혜를 나눠 주자."고 설득해서 재능기부플랫폼인 'SE바람'이란 사회적협동조합을 출범시켰다. 그리고 행복나래에서의 경험을 토대로 문화재청, 소셜벤처, 여성가족부, 임업진흥원 등의 각종 심사에 참여하며 분주한 나날을 보냈다. 그런 그의 행보에 굿피플인터내셔널이 주목하면서 2019년 강대성 상임이사는 영리기업 경영인에서, 사회적기업 경영인을 거쳐 비영리기관까지를 두루 경험하게 되는 보기 드문 '사회적경제 전문가'가 됐다.

강대성 상임이사는 "사회적경제는 우연이 맺어준 필연"이라고 했다. SK그룹 내 구매 전문회사인 MRO코리아 CEO로 임명받은 뒤, 내부거래 등의 사회적 비난 여론 속에 다른 기업들 대부분이 매각으로 문제를 해결했던 것과는 달리 SK그룹이 MRO코리아의 사회적기업 전환을 결정한 우연이 오늘을 있게 해 줬다는 것이다. 하지만 그 당시의 우연을 필연으로 만든 건 매사에 '열심'인 그의 성향 때문이었다. 강대성 상임이사는 지금도 월요일부터 토요일까지 매일 아침 5시에 일어난다. 월요일과 수요일은 필라테스를 하고, 나머지 날은 매일 한 시간씩 한강을 걷는다. 걷는 동안에는 책 읽어 주는 유튜브를 통해 새로운 책을 두 권 정도 소개받는다. 그리고 좋았던 책의 내용은 밤에 시간을 내 다시 블로그에 정리하며, 기억을 다진다. 강대성 상임이사는 SK 임원 재임 시절부터 아침 7시면 사무실에 출근했다. 출근과 동시에 영어와 중국어 개인 과외로 누구보다 빠르게 하루의 일과를 시작했다. 그리고 매달 첫날에는 조직 구성원들에게 편지도 보냈다. 편지의 화두를 정하기 위해 정보를 모으고 고민하는 일은 매일의 과제가 됐다. 하지만 지금도 그는 대상만 달라졌을 뿐 매달 편지쓰기를 계속하며, 새로운 것을 배우고 고민하는 일을 멈추지 않고 있다. 한편, 행복나래 재임 시절에는 사회적기업을 하려면 제대로 알아야 한다는 생각으로 대학원에 입학해 2014년에는 사회복지로 석사학위를 받았고, 2016년에는 사회복지 박사과정까지 수료했다. 그리고 행복나래를 경영하면서 얻은 소중한 경험과 교훈은 '나는 착한 기업에서 희망을 본다'란 책으로 담아 2016년에 출간했다. 사회적기업에 몸담고 있거나 관심이 있는 모든 이에게 조금이나마 도움이 되기를 바라는 마음이었다.

강대성 상임이사가 직장 생활을 처음 시작했을 당시에는 영리기업의 목적은 이윤 극대화였다. 하지만 이제 영리기업의 목적은 이해관계자의 행복 극대화로 변화했다. 그리고 경제적가치와 함께 사회적 가치를 동시에 추구하는 사회적경제 기업도 널리 보편화돼 가고 있다. 강대성 상임이사는 영리기업, 사회적기업, 비영리기관에서의 경험을 토대로 영리기업은 '사회적 가치'에 대한 고민을 늘려갈 것을 조언한다. 그리고 사회적경제 기업은 사회적 가치를 추구하는 노력도 좋지만, 기업 자체가 지속 가능해야 한다는 전제 하에 경제적 가치 실현에도 더욱 힘을 쏟아야 한다고 강조한다. 한편, 비영리조직은 영리 조직과 기업가정신을 탐구하고 배워야 한다고 힘주어 말한다. 그는 굿피플인터내셔널에 상임이사로 임명된 이후 기업에서 배운 것을 열심히 나누고 실천하고 있다. 그에 앞서 리더로서의 '솔선수범'과 새로운 조직원과의 긴밀한 '소통'은 기본이다. 강대성 상임이사는 어디를 가든, 누굴 만나든 굿피플의 대표 사업인 '희망박스' 홍보 팸플릿을 가지고 다니며, 굿피플 사업을 알리는데 그 누구보다 열심이다. 또한, 굿피플 내 부문별로 나누어 간담회를 마련하고 그들의 의견을 열심히 경청하는 것과 동시에 그간의 자기 경험과 노하우, 아이디어를 적극적으로 나눈다. 연초마다 구성원 모두가 '사명선언문(Mission Statement)'을 개발, 동료들에게 공표하고 상호 간 진행 상황을 독려하는 것도 그가 굿피플에 합류하고 생긴 변화다. 더욱 친절한 전화응대부터 구성원별 후원자 모금 현황을 도식화해 선의의 경쟁을 도모하는 등 굿피플의 혁신은 지금도 계속되고 있다.

강대성 상임이사는 정작 행복나래 은퇴 이후 더 분주해졌다. 누구라도 도움이 필요하다고 하면 만사 제쳐 두고 자문을 위한 시간을 할애해 이야기를 듣고 진심 어린 조언을 아끼지 않는다. 또한, 현장에서 필요한 도움을 줄 수 있는 곳을 단번에 연결해 주기도 한다. 사회적 문제가 그 어느 때보다 복잡해지고 다양해지는 만큼 혼자 풀 수 없기에 '네트워킹'이 중요하다는 생각 때문이다. 이에 자신이 가진 모든 자산을 아낌없이 쏟아내고 있다. 하지만 자신과 같이 특별한 경험과 네트워킹을 하고 있지 않더라도 누구나 생각만 바꾸면 할 수 있는 것이 사회적경제라는 게 그의 주장이다. 그런 의미에서 정부를 비롯한 공적 영역부터 영리기업, 사회적경제 기업, 시민단체, 비영리조직 등 다양한 영역의 주체들이 함께 머리를 맞대고 협력해서 태산과 같은 문제의 실마리를 찾을 수 있었으면 하는 것이 그의 바람이다. 강대성 상임이사의 꿈은 사회적경제 생태계가 더욱 활성화됐으면 하는 것이다. 그리고 그는 우연이 맺어준 필연인 사회적경제를 위해 생애 마지막 날까지 열심히 하려고 한다.

　　경기도 군포에서 30여 년간 비영리, 사회복지, 사회적경제 조직에서 일해 온 권연순은 지난 2019년 5월 개소한 군포시사회적경제·마을공동체지원센터의 센터장직을 수행하고 있다. 노인 일자리 전문기관인 '군포시니어클럽' 관장직에서 50세에 물러난 후, 군포시 마을기업 ㈜좋은터를 창업해 '생산자와 중개자 및 수요자'가 서로 돌보는 사회적경제를 지향해 왔다. 그리고 이제는 중간 지원 조직에서 같은 비전을 품고 과업을 수행 중이다.

　　군포시사회적경제·마을공동체지원센터는 2016년 12월 제정된 군포시 조례에 따라 2019년 5월에 개소했다. 개소 당시는 센터장 1명과 사회적경제 담당 1명, 마을공동체 담당 1명, 이렇게 셋이서 시작했다. 사업 예산도 넉넉지 않았다. 하지만 감사하게도 개소 이후 경기도 일자리 공모 사업과 마을공동체 지원사업에 선정돼 철저한 지역조사부터 시작할 수 있었다. 그 덕에 지역에 관한 깊이 있는 이해를 토대로 사회적경제 및 마을공동체 지원사업을 적극적으로 지원하고 있다.

올해로 개소 3년이 지난 지금 센터는 청년 활동공간인 '청춘, 쉼미당'과 산본 1동의 '행복마을관리소' 두 개 기관을 위탁, 운영하게 되면서 전체 직원은 33명에 이른다. 예산도 10배 가까이 늘었다.

도시화 사회 속에서 옆집에 사는 이웃조차 모르고 사는 형국에 '마을공동체'의 활성화를 도모하는 것이 과연 어떤 의미가 있나 싶은데, 이에 대해 권연순 센터장은 "공동체는 우리의 본질적인 사회적 욕구인데 어느새 문명이 문화를 앞서면서 그 본질을 잃어가고 있다."라며 "위기감 속에 그 틈을 메우기 위해 시작된 의미 있는 활동"으로 마을공동체 사업의 가치를 명확하게 짚어 줬다.

사회적경제와 마을공동체의 필요성에 대해 남다른 철학을 가진 권연순 센터장은 '자치(自治)'를 강조한다. 사람이 경제를 다스릴 수 없는 지경에 이르렀고, 그것이 본래의 것인 줄 알고 배우고 익히는 후세대에 품위 있는 문화를 더 늦기 전에 공유해 줘야 한다는 것이다. 많이 배우고 많은 물질을 소유한 것만으로는 철학과 품위가 갖춰지는 것은 아니다. "멈춰서 돌아볼 줄 아는 여유, 내가 무엇을 하고 있는지 직면해 보는 용기, 그리고 기꺼이 자발적 가난과 노동을 선택할 수 있는 결단력이 있는 분들"이 사회적경제, 마을공동체 속에서 재미있게 살고 있다고 한다.

권연순 센터장은 센터를 개소하고 운영하는 과정에서 지역사회와의 연계를 가장 중요하게 생각한다. 그런데 다행스럽게도 그녀가 군포시에서만 사회복지, 비영리단체, 공공조직과 연관이 있는 일을 해 온 30여 년이란 오랜 시간이 유기적이면서도 견고한 협력 관계의 토대가 되어 주고 있다. 또한, 상호 간 이해를 높일 수 있도록 노력도 아끼지 않고 있다. 기회가 있을 때마다 군포시의 각 사회적경제 기업과 마을공동체를 서로에게 잘 알려줌으로써 기본적인 신뢰를 높여가고 있다. 서로 신뢰가 있다면 그다음 단계의 일은 시기만 문제일 뿐 언제든 가능한 현실이기 때문이다.

지역사회에서 중간 지원조직이 민간에 위탁돼 운영되기까지는 수많은 이해당사자 간 갈등이 있을 수밖에 없다. 그런데 군포시의 경우 군포사회적경제협의회 소속 대표자들이 지속되는 어려운 기업 운영 여건 가운데에서도 신사적이고 성숙한 사회적 경제인의 자세를 잊지 않고 총회를 치르며, 공공과의 협력적 거버넌스를 위한 간담회도 서둘지 않았다. 오히려 공공에 충분한 시간을 주면서 협력 방안을 모색해 나가고 있다. 또한, 사회적경제 기업가들이 솔선수범해 매월 사회복지공동모금회 후원을 통해 지역사회의 필요를 채우는 일에 앞장을 서고 있다. 이런 훌륭한 사회적경제인들이 군포시에 있고, 그들과 함께 할 수 있는 이 순간이 가장 보람이 있다.

반면, 사회적경제를 여전히 어렵다고 생각하는 문화가 가장 힘들고 안타깝다는 권연순 센터장은 사람 사는 일로써 일상적인 사회적경제를 안내할 수 있기를 바란다. 그리고 그런 의미에서 고정적인 틀에서 벗어나 창의적인 사회적경제 지원사업을 해 보고 싶어 한다.

사회적경제를 서로 돌보는 경제라고 생각하는 권연순 센터장은 대통령과 국민, 시장과 시민, 기업대표와 직원, 선생님과 학생, 부모와 자녀 모든 관계에 있어 '서로 돌봄'이 없으면 문제가 발생한다고 말한다. 실제로 '서로 돌봄'이 되지 않으면 관계가 일방적으로 되고, 힘겨루기가 되며, 누구라도 힘이 세지면 힘이 작은 사람을 소홀히 여기게 되기 때문이다. 아주 작은 일에서부터 '서로 돌봄'을 익혀 놓아야 커다란 일을 결정할 때 '서로 돌봄'을 위해 물러서기도 하고, 손해를 볼 줄도 알 수 있을 것이다.

권연순 센터장은 센터 개소 이후 3년이라는 짧은 시간 동안 많은 성과를 낸 비결에 대해 잘 모르는 것을 아는 척하지 않고 '제안, 정책, 비즈니스, 지식이 사람을 해치지는 않는지'를 점검하며 센터를 운영하려고 노력한다는 점을 꼽았다. 특히, 그 일의 크기가 크거나 작거나 상관없이 말이다.

# 김영림

마을발전소 사회적협동조합 장난감병원 원장

동네에서 필요한 일은 무엇이든 이웃과 함께 풀어가는 사람, 바로 상도동에 있는 마을발전소 사회적협동조합 장난감병원 김영림 원장이다. 2010년 한동네에 사는 주민들과 함께 책을 매개로 사교육 없는 엄마표 나눔 교육을 실천하는 주민 모임에서 시작해 십여 년을 꾸준히 그리고 열정적으로 활동해 왔다. 동네에서는 모두 '림'이라고 부른다.

2013년 서울시의 찾아가는 마을공동체 강사가 된 김영림 원장은 마을발전소를 통해 마을에 뿌리를 더욱 깊이 내렸고, 2014년에는 서울시 마을 반장으로 당선되어 지금까지 주민들에게 내 동네의 주인으로서 주민이 되는 즐거운 '마을 살이'를 전하고 있다. 주민들의 자원 활동을 기반으로 아이들을 위한 다양한 프로그램, 생태 활동, 도시농업 활성화, 어린이집 재능 기부, 공유마을 만들기 및 지역 축제 등을 꾸려오며 '내 이웃의 아픔을 내 아픔으로 느끼는' 마을공동체를 이루고 지속 가능한 공동체 회복과 서로 돌봄을 실천하고 있다.

김영림 원장의 이러한 원동력은 2010년 양육 때문에 전문직 여성으로서의 꿈을 접고 생겨났다. 퇴사 이틀 만에 당시 초등학교 3학년이던 아들이 언젠가 TV에서 봤던 미스코리아의 일일 위탁모 활동을 이야기하며, "엄마도 이제 회사를 그만뒀으니 우리도 위탁가정을 해보면 좋겠다"라는 한 마디에서 비롯됐다. 해외로 입양 가기 전이었던 한 아이를 돌보게 된 것이 오늘의 '림'을 만들었음엔 틀림이 없다. 그리고 그때부터 지금까지 '입양 가는 아이가 없는 동네 만들기'를 위해 열심히 달리고 있다.

김영림 원장은 우리가 사는 마을 안에서 이웃과 편안하게 소통하고 친하게 인사하며 이용할 수 있는 공유 공간이자, 이웃 간의 정을 회복하는 따뜻한 사랑방인 '마을발전소'를 개소했다. 그러면서 우리에게 어떤 것이 필요한지, 마을에서 어떤 일을 해결해야 할 것인지 고민하고 이웃들과 함께 해결해 가고 있다. 도시 텃밭 활동을 하는 꼬마 농부 교실, 함께 둘러앉은 할머니 밥상, 우리 동네 골목길을 걸으며 동네 역사와 사람을 이어가는 두런두런 골목길 해설사 등이 결과물이다.

최근에는 장난감을 매개로 아이부터 어르신까지 함께 플라스틱 쓰레기를 줄여 환경을 살리고 공동체를 회복하여 사람을 살리는 운동을 전개하고 있다. 장난감병원을 개원한 것인데, 이를 통해 어르신, 장애인, 경력단절 여성 등의 일자리 창출에도 한몫하고 있다. 아이들이 장난감을 가지고 놀다가 고장이 나면 고칠 곳이 없어서 버리게 된다는 이야기를 들은 김영림 원장은 장난감병원을 구상했다. 간단한 고장은 고쳐서 다시 쓸 수 있게 하고, 더 이상 고쳐서 사용할 수 없는 장난감은 재활용될 수 있도록 분해하고 분리해서 수거하여 장난감의 자원순환을 이끌어 왔다.

망가진 뽀로로 장난감이 병원에 입원했다가 정성 어린 치료 끝에 퇴원하게 됐는데, 다시 노래도 부르고 춤도 추게 되어 아이가 너무 기뻐했다. 김영림 원장은 이 모습을 보면서 단순히 고장이 난 장난감을 고치는 것이 아니라 장난감을 고치는 사람이나 장난감의 친구인 아이의 마음을 치유하는 기회가 될 수 있겠다고 생각하게 됐다.

김영림 원장은 마을(자치), 사회적경제 등 사람들 관계의 힘을 믿고 세상의 긍정적 변화를 꿈꾸는 사람들에게 전하고 싶은 이야기가 있다. 돌이켜 보면 마을발전소의 원동력은 첫째는 꾸준함이다. 둘째는 자발적인 주민들의 활동이고, 셋째는 지속 가능함을 위해 삶터가 일터가 되는 마을을 만드는 것이었다.

2021년 재단법인 지역재단의 '전국 리더상'을 수상하며 마을발전소의 활동을 알리고 더 많은 주민과 지역사회 문제 해결을 위해 손을 모을 수 있는 계기가 됐다. 공동체란 내 이웃의 아픔이 내 아픔으로 느껴지는 것이다. 나의 필요가 우리의 필요가 되고 우리의 필요를 채우기 위해 이웃과 함께 한 걸음을 떼는 것이다. 도토리 나무는 들판을 보고 열매를 맺는다고 한다. 들판에 풍년이 찾아오면 열매를 적게 맺고 흉년이 들면 다른 해보다 열매를 많이 맺어 마을 사람의 굶주린 배를 채워주는 것이다.

김영림 원장은 항상 마을 가까이에서 마을을 둘러보며 마을이 평안한지 마을에 필요한 것은 무엇인지를 살펴봤다. 그리고 마을공동체를 통해 열매를 가득 맺고 사회적경제 방식으로 지속하기 위해 노력해 왔다. 김영림 원장은 앞으로도 상도동의 홍반장으로 동에 번쩍, 서에 번쩍 주민과 부대끼며, 오래 살고 싶은 마을, 떠나고 싶지 않은 마을을 만들어 갈 것이다.

마을, 함께해요!

　　브릿지협동조합 배성기 이사장의 본업은 사회과학 연구원이
다. 20년 넘게 사회과학 분야 중에서도 공공서비스 관련 연구를 주
로 해 왔다. 특히, 정부가 민간에 맡겨서 운영하는 일들이 더욱 효
율적으로 이뤄질 수 있도록 민간 위탁 공공서비스의 효율화 연구에
힘써 왔다. 2009년부터 '한국민간위탁경영연구소'를 직접 설립, 운
영하고 있기도 하다. 정부가 민간 위탁사업 과정에서 적정 예산으
로 얼마를 책정해야 하는지, 어떤 기준으로 적정한 업체를 선정해
야 하는지, 위탁한 민간업무 성과는 어떻게 측정해야 하는지 등 다
양한 의사결정 자료가 필요한데 이를 뒷받침할 연구수행 결과물을
작성하여 정부기관의 의사결정에 도움을 주고 있다.

　　배성기 이사장은 연구 활동 과정에서 자연스럽게 사회적경제,

사회적경제 기업에 대해 알게 되면서 정부의 각종 민간 위탁사업을 사회적 가치를 중시하는 사회적경제 기업이 파트너로 담당할 수 있으면 좋겠다고 생각하게 됐다. 하지만 대부분의 사회적경제 기업은 정부의 민간 위탁사업에 대해 잘 모를 뿐 아니라 공공시장에 진출하는 데 많은 애로를 겪고 있었다. 이에 뜻을 같이하는 사람들과 함께 설립한 기관이 '브릿지협동조합'이다. 브릿지협동조합은 사회적경제 기업의 공공서비스 시장 진출과 공공기관의 사회적경제 기업과의 거래 확대 지원을 목표로 하고 있다. 즉, 사회적경제 기업과 공공 부문을 연결해 주는 '다리(bridge)'가 되어 공공시장에 사회적, 환경적 가치를 더하고 싶은 꿈을 향해 가고 있다.

배성기 이사장은 110만 명이 넘는 공무원과 공기업 종사자가 사회적 가치를 이해하고 지향하며 의사결정을 할 수 있도록 '사회적가치연구소'도 설립하여 운영 중이다. 정부가 '국민의 나라, 정의로운 대한민국'이란 비전 아래 첫 번째 국가 혁신 전략으로 '사회적 가치 중심의 정부'를 내세우고 정부혁신을 추진하고 있지만, 일선의 공무원과 공기업이 일하는 방식에까지 사회적 가치와 사회적경제를 접목하려면 보다 다각적인 교육과 컨설팅이 필요하다는 판단 때문이었다. 이에 선행적으로 사회혁신 방안을 디자인하고 연구하는 동시에 공무원과 공기업, 지방자치단체장을 대상으로 교육활동도 활발하게 진행 중이다.

배성기 이사장은 "사회적경제는 국가 경제와 시장경제를 보완하기 위해 태동한 새로운 보완경제개념으로 이미 많은 국가에서 운영하는 온전한 제도"라고 강조한다. 꼭 필요하지만, 정부와 영리기업이 감당하지 못하는 영역에 사회적경제 기업이 나서서 구체적인 성과를 내고 있다는 것이다. 그런 만큼 우리나라도 사회적경제 3법을 통과시켜 정부 못지않게 사회적 가치를 추구하는 시민사회단체와 기업, 사회적경제 기업의 육성을 통해 다양한 경제, 사회, 환경 등의 문제를 해결해 나가면서 안정적인 국가를 운영하는 것이 중요하다고 말한다. 이미 마련된 사회적기업육성법, 협동조합기본법, 국민기초생활보장법 등을 토대로 시간은 조금 더 걸리더라도 사회적경제가 기반을 잘 갖춰나가면서 활성화될 수 있을 것으로 전망한다.

배성기 이사장은 "현 정부가 사회적경제 육성에 대한 충분한 의지를 보이면서 중앙 부처 차원에서는 제도 설계가 잘 되었다."라고 평가했다. 하지만 "사회적경제 기업과 직접 일선에서 마주하는 지방자치단체와 공공기관은 상황이 천차만별이다. 또한 사회적경제 기업이 충분한 역량을 갖추고 있지 못한 경우도 많다."라며 브릿지협동조합과 사회적가치연구소를 통해 사회적경제 기업은 물론 공공기관이 서로를 더 잘 이해하며 협력하는 가운데 진정한 사회적 가치를 실현해 나갈 수 있도록 최선의 노력을 기울여 나갈 것이라고 밝혔다.

배성기 이사장은 사회적경제 기업이 많아질수록 더욱 살기 좋은 나라가 될 수 있다고 확신한다. 그런 만큼 사회적경제 기업이 공공서비스 영역에서 가치 있는 역할을 통해 지속해서 성장해 나갈

수 있도록 그동안 공공서비스 분야를 연구하며 쌓아온 경험과 역량
을 아낌없이 제공해 나갈 계획이다.

    백정연 대표는 2004년부터 발달장애인을 위한 사회복지 현장에서 사회복지사로 일을 시작했다. 워낙 사람들과 어울리는 것을 좋아했던 그녀는 클라이언트, 동료와 함께 소통하며 즐겁게 일했다. 몸치임에도 자발적으로 동료들과 댄스그룹을 만들어 바자와 기관 행사에서 공연하며 조직에 신바람을 더했다. 그렇게 즐겁게 일하다 보니 매년 최우수직원상과 우수직원상을 놓치지 않았다. 급기야는 2009년 사회복지계의 신인상과 같은 '새내기사회복지상'까지 수상하는 등 그녀의 일에 대한 사랑과 열정은 처음부터 예사롭지 않았다.

    이후 발달장애인지원센터에서 일하면서 복지부 파견 근무를 하며 발달장애인법 시행을 준비하였고, 해외사례를 모으던 과정에서 인지적 제한이 있는 사람들을 위한 '이지리드(Easy Read)' 서비스를 처음 알게 됐다. 그리고 국내에도 쉬운 정보가 꼭 만들어지고 활성화되면 좋겠다고 생각했다. 어떤 계기로 회사를 그만두고, 새로운 직장을 알아보던 중 우연한 기회에 사회적기업가 육성사업 공모 사업을 접했다. 쉬운 정보가 번개처럼 머리에 스쳐 지나가며, 창업하고 대표로 산다는 것의 무게를 가늠하지도 않은 채 쉬운 정보를 만들고 싶다는 결심 하나로 바로 공모 사업을 신청했다. 덜컥 공모 사업에 선정되며, 2017년 4월 발달장애인을 위해 세상의 모든 정보를 쉽게 만들어 주는 사회적기업 '소소한소통'은 시작됐다.

백정연 대표는 "시각장애인은 점자나 음성 자료를 통해 정보를 확인합니다. 그리고 청각장애인은 수어로 의사소통을 합니다. 그런 의미에서 쉬운 정보는 인지적 제한이 있는 발달장애인이 당연히 누려야 할 권리입니다."라며 소소한소통의 존재 이유를 명확하게 설명한다. 하지만 소소한소통이 제공하는 쉬운 정보가 발달장애인에게만 도움이 되는 것은 아니다. 한국어가 서툰 외국인, 언어를 배워가고 있는 어린이, 인지가 점점 떨어지는 어르신까지 소소한소통의 쉬운 정보를 반기는 사람이 많다.

백정연 대표가 회사를 운영하며 가장 신경 쓰는 부분은 직원들이 '소소한소통'을 일하고 싶은 회사라고 느낄 수 있도록 좋은 조직문화를 만드는 것이다. 이를 위해 그녀는 자신이 직원이라고 가정할 때 꼭 있었으면 좋을 제도를 하나씩 추가해 가고 있다. 이런 백 대표의 정성이 통했을까? 올 초 그녀는 생일을 맞아 직원들에게서 선물과 함께 축하 메시지를 받았는데 '존경한다'라는 표현이 많아 그간의 수고에 보답받은 것 같아 기분이 아주 좋았다. 하지만 백정연 대표를 가장 즐겁고, 보람되게 하는 순간은 따로 있다. 쉬운 정보의 주요 고객인 발달장애 당사자들로부터 소소한소통이 만든 정보가 너무 쉽다거나 유용하게 사용됐다는 피드백을 직접 받을 때다.

소소한소통은 매년 창립기념일 때마다 '망하지 않고 잘 버틴 것'을 자축하기 위해 특별 이벤트를 기획해 진행한다. 창립 2주년에는 발달장애인을 위한 쉬운 근로계약서를 개발하고 이후 어디든 필요로 하는 곳이면 무료로 배포하고 있다. 그런데 이 계약서 덕분에 회사와의 약속이 어떤 건지 쉽게 이해할 수 있었다는 피드백을 발달장애 당사자에게 받았을 때가 가장 큰 보람이었다. 소소한소통이 올해 진행하는 특별 이벤트는 "쉬운 정보를 주문하세요!" 프로그램이다. 발달장애인에게 필요한 쉬운 정보 주제를 공모받아 그중에서 쉬운 정보의 주제를 선정, 무료로 쉬운 정보를 제작해 공유할 계획이다.

소소한소통은 그간의 노하우를 모두 담은 '쉬운 정보, 만드는 건 왜 안 쉽죠?'란 책도 출간했다. 다양한 정보를 기반으로 선택과 결정을 반복해야 하는데 발달장애인이 소외되는 상황이 속히 해결됐으면 하는 바람 때문이다. 그러려면 일상 곳곳에 '쉬운 정보'가 많아져야 하고 발달장애인을 대상으로 서비스를 하는 다양한 기관에서 모두 알면 도움이 되리라 판단했다. 쉬운 정보는 발달장애인에게 단순한 정보 이상의 가치를 가진다. 발달장애인이 필요한 콘텐츠를 쉽게 만들어 제공하는 게 백정연 대표의 일차적인 목표라면 그녀의 궁극적인 목표는 쉬운 콘텐츠가 쌓여서 발달장애인의 삶이 더욱 살만하게 변화됐으면 하는 것이다. 쉬운 정보를 기반으로 스스로 선택하고 즐길 수 있는 세상을 열어 주고 싶은 것이다.

백정연 대표는 사회복지를 전공하기 시작하면서 발달장애인의 매력에 푹 빠져 살고 있다. 장애복지를 전공하면서 다양한 경험을 위해 실습은 종합사회복지관에서 하며 노인, 청소년 등 다양한 복지를 접했다. 하지만 발달장애인과 함께하는 순간에 자신이 가장 좋은 사람이 돼 있는 걸 발견했다. 차이가 있을 수 있겠지만 그녀가 그간 만난 발달장애 당사자들은 모두 너무 솔직했다. 그런 그들과 함께하다 보면 백 대표 자신도 앞뒤 계산하고 재는 대신 모두에게 솔직해질 수 있어 좋았다. 또한, 그들의 엉뚱하고 발랄한 사고와 행동에 웃을 일이 끊이지 않는다. 그런 측면에서 우리 사회가 발달장애인에 대한 인식을 좀 바꿨으면 싶다. 그녀는 "인지적 제한이 있기에 모를 거야"라고 생각하지 말라고 조언한다. 다양한 창구를 통해 서로 다름에 대해 충분히 이해할 수 있도록, 조금 다르거나 느린 것을 기다려 주는 노력이 필요하다고 강조했다.

백정연 대표는 사회복지 일을 한다고 하면 '봉사한다', '좋은 일 한다'라고 하는데 사실은 너무 즐거워서 한다. 그런데도 그녀는 '사회복지사가 없는 세상'과 일상에 쉬운 정보가 넘쳐나서 소소한 소통이 할 일이 없기를 바란다. 모두가 서로를 충분히 배려하고 함께 함으로써 사회적 약자가 특별한 시설에 갇혀 있지 않고 즐거운 일상이 가능하기를 소망한다.

# 이달성

　이달성 대표는 금융전문가로서 35년 동안 근무하던 신한은행을 2012년 퇴직하고 2013년에 돌연 친환경 사회적기업 '피플앤컴'의 대표가 됐다. 은행지점장에서 사회적기업 대표가 된 예사롭지 않았던 결정 뒤에는 신한은행 근무 시절 이달성 대표가 보여 줬던 남다른 열정과 끈기, 도전이 중요한 몫을 했다.

　이달성 대표는 신한은행 지점장 시절 5년 동안 한주도 빠짐없이 매주 월요일마다 직원들에게 편지를 썼다. 실적에 대한 부담이 많은 직원이 일주일을 조금 더 여유롭게 시작할 수 있었으면 하는 마음에서 인문, 예술, 사회, 교양 등의 다양한 주제로 소통에 힘썼다. 지점장으로서 본연의 업무였던 고객 컨설팅과 영업에도 남다른 열심을 보였던 것은 물론이다. 이런 이달성 대표의 행보를 평소 유심히 지켜봐 왔던 사람이 바로 피플앤컴을 설립한 재단법인 '피플'의 이사장이었다.

노무·법무업계 전문가들이 산재를 당한 유가족을 돕기 위해 2010년 출범한 재단법인 '피플'은 비영리 재단의 지속 가능성을 고민하다 사회적기업 '피플앤컴'을 설립하기로 했다. 그 과정에서 중고컴퓨터 업싸이클링을 통한 친환경 사업을 도모하는 동시에 결혼이민자에게 일자리를 제공하는 것으로 사회적경제 비즈니스 모델을 마련하고 법인 등록을 마쳤다. 하지만 애초 계획과는 달리 사업에 진전이 없자 사회적기업과는 전혀 인연이 없던 이달성 대표에게 도움을 요청한 것이다.

한편, 이달성 대표는 지점장으로 일하면서 자영업을 하는 고객들을 대상으로 컨설팅을 하는 과정에서, "내가 대표라면 어떻게 할까?"란 질문을 자신에게 수없이 던지며 고민을 해 왔었다. 그랬기에 사회적기업에 대해서는 전혀 몰랐지만 도전해볼 만하다고 판단했고, 재단법인 피플의 낯선 제안을 흔쾌히 수락했다. 이후 이 대표는 사회적기업에 대해 새롭게 공부하며 피플앤컴의 비즈니스 모델을 착실히 현실화시켜 나가기 시작했다. 그것이 2013년 때의 일로 이달성 대표는 올해로 10년째 피플앤컴을 이끌며, 전문 사회적기업가로 굳건히 자리매김하였다.

이달성 대표는 피플앤컴 대표직을 흔쾌히 수락했지만, 가족과 옛 직장 동료들은 "잘될까?" 반신반의했다고 한다. 하지만 이달성 대표는 발 빠르게 움직였다. 대표직을 맡은 해 10월에는 신한은행과 사회공헌 업무협약을 맺고 감가상각 기간이 지난 중고컴퓨터를 기부받아 애초 계획했던 중고컴퓨터 업싸이클링 사업을 본격화했다. 그리고 같은 해 11월에는 서울시 예비사회적기업으로 지정을 받았다. 하지만 좀처럼 쉽게 손익분기점을 넘길 수가 없었다. 당시는 업싸이클링 중고컴퓨터를 해외에 주로 수출했는데, 대금 회수가 제때 이뤄지지 않는 등 어려움이 많았다. 월급날이 어찌나 빨리 돌아오는지 이달성 대표는 두려운 마음도 들었다. 이에 "어떻게 하면 기업을 생존시킬 수 있을까?" 수없이 고민하면서, 동시에 "이제는 정말 그만둬야 하나?"라는 생각도 여러 번 했다. 하지만 그는 포기하는 대신 비즈니스 모델을 과감히 변경하기로 했다. 수출과 도매를 통해 중고컴퓨터를 주로 처리하던 것을 소매로 전환하며 수익을 높이는 방안을 새롭게 마련한 것이다. 이후 피플앤컴은 수익률이 높아지며 어느 정도 사업을 안정시킬 수 있게 됐다.

현재 피플앤컴은 많은 수는 아니지만, 결혼이민자 직원들에게 일과 가정을 양립할 수 있게 안정된 일자리를 제공하고 있다. 특히, 오전 9시부터 오후 4시까지만 근무하도록 함으로써 퇴근 이후 자녀를 직접 돌볼 수 있게 배려하고 있다.

이달성 대표는 새롭게 시작한 제2의 인생에서 중고컴퓨터이지만 나눠주는 삶을 살고 있다는 데 큰 보람을 느낀다. 또한, 결혼이민자 직원들이 "회사가 좋다." "행복하다."라고 말해 줄 때 너무 행복하다. 그런 만큼 그는 지금보다 두 배 이상으로 피플앤컴을 성장시키고 싶다. 더 많은 결혼이민자에게 함께 일할 수 있는 기회를 주고 싶고 지금보다 많은 월급을 주고 싶기 때문이다.

이달성 대표는 은행과 비교할 때 사회적기업 대부분은 영세할 뿐 아니라 영세한 상황을 탈피하기도 어려운 것이 현실이라고 지적한다. 이에 사회적기업가는 사회적 가치만큼이나 생존을 위해 차별화된 비즈니스 모델 마련과 전략 수립을 위해 더 고민할 필요가 있다는 견해다. 또한, 자금조달 및 운영 역량이 무엇보다 중요하다고 강조한다. 은행 근무 당시의 경험으로 볼 때 5년 이내 자영업 폐업률은 73%인데, 그중 자금 문제가 80% 이상이었다는 것이다. 이에 사회적기업가도 돈의 소중함을 알고 자금 운용 측면에서도 미리미리 대비하는 자세가 필요하다고 말한다.

이달성 대표의 바람은 생존경쟁력을 갖춘 사회적기업이 더 많아졌으면 하는 것이다. 또한, 사회적기업인이 선한 영향력을 확장해 나가는 활동가로서 더욱 견고히 자리매김해 나갈 수 있기를 바란다. 그는 은행에서 일하면서 오랫동안 일반 기업의 생존 전략을 수없이 지켜볼 수 있었던 경험 덕분에 그나마 빨리 피플앤컴의 사업 안정화를 이루지 않았을까 자평했다. 그리고 어려운 환경에서는 '은근과 끈기'를, 새로운 변화 앞에서는 두렵지만 도전을 멈추지 않는 선구자 정신도 전혀 새로운 제2의 인생에 도전하여 소기의 성과를 내는 데 일조했다고 평가했다.

이달성 대표는 피플앤컴을 지금은 정성껏 운영하고 있지만, 은퇴 이후의 삶도 다시 꿈꾸고 있다. 사랑으로 이웃을 보살피며 선한 영향력을 지속해 가는 멋진 인생 선배로 남고 싶다.

　대구가톨릭사회복지회 산하의 학산보호작업장 이상헌 원장은 1989년 대구대에 직업재활학과가 처음 생기면서 호기심에 한번 해 보자 마음먹었다. 이후 장애인복지 분야에서만 25년 이상 일해 오면서 지난 2020년에는 국무총리 표창까지 받았다. 하지만 그는 누구나 오래 하면 다 받는 상이라며 겸손해한다.

　당시 이상헌 원장은 포항시의 장애인 직업재활사업에 선구자적인 임무를 수행해 왔을 뿐 아니라 보건복지부, 고용노동부 등 다양한 기금과 지원사업 확보 등의 노력을 통해 장애인복지 및 사회적경제 분야를 활성화한 공을 높이 평가받았다.

　그도 그럴 것이 그가 포항에서 일하기 시작했던 2000년도에는 장애인 직업재활시설이 한 곳뿐이었다. 그마저도 시설에 거주하는 여성 지체장애인을 위한 곳이었다. 이상헌 원장은 장애인들에게 지역사회에서 일할 수 있는 기회를 마련해 주기 위해 분주하게 움직였다. 폐교를 활용하는 계획을 마련하여 제안도 해 봤다. 하지만 상황이 여의찮았다. 이에 천주교 교구에서 내놓은 부지에 지역 후원을 받아 2005년 시설 건립을 마쳤다. 그리고는 지역 분들과 끊임없는 만남과 소통을 이어가며 3년이 지난 2008년에야 비로소 장애인 직업재활시설인 '카리타스보호작업장'을 정식 개소했다. 준비 과정에 많은 시간이 소요된 만큼 얻은 것도 많았다. 지역주민들의 충분한 이해를 끌어내며, 더불어 의식 수준을 높여가는 소중한 경험을 했다. 현재 카리타스보호작업장은 60명이 넘는 장애인과 20명의 비장애인 직원이 한데 어우러져 일하는 소중한 일터로 견고히 자리매김했다.

한편, 이상헌 원장은 포항시 사회적기업협의회 활동도 열심히 하여 소규모의 모임을 조직화하고 사업을 활성화하는 데 큰 노력을 기울였다. 사회적기업 교육은 물론 인식 확산을 위한 활동과 사회적기업을 위한 판로 개척 등 다양한 활동을 기획하고 진행했다. 이상헌 원장은 현재는 대구에 소재한 학산보호작업장을 책임지고 있지만 "포항에서 사회적기업을 만들어 도움이 필요한 장애인에게 갈 곳을 만들어 준 것, 지역에서 믿고 장애인을 보낼 수 있는 곳을 만든 것"을 그간의 가장 큰 보람으로 꼽는다.

이상헌 원장은 늘 장애인에게 비장애인과 똑같은 일상을 만들어 주고 싶어 한다. 그런 의미에서 장애인 직업재활시설은 장애인에게 사회적인 고용의 안전망을 제공함으로써 삶을 영위하고 생활을 꾸려가며 자아를 실현할 수 있도록 토대가 되어 준다. 하지만 단순히 일자리를 제공하는 것만으로는 부족하다는 것을 이상헌 원장은 안다. 이에 구성원들이 적절한 동기 부여와 올바른 직업의식을 가질 수 있도록 세심하게 신경을 쓴다.

이상헌 원장은 "리더는 모든 상황에 유연하게 대응할 수 있어야 한다"라고 생각한다. 또한, 리더라면 맡겨진 일을 정말 잘해야 한다는 태도다. 더 극단적으로는 "무능함은 죄"라는 말에 동조한다. 이에 언제든 자신도 부족하다 싶으면 책임자 자리를 내려놓을 각오이다.

이상헌 원장은 10년 넘게 장애인 직업재활시설을 책임지며 현실에 안주하기보다는 끊임없이 도전하고자 노력했다. 이 과정에서 각계각층의 다른 영역 사람들을 만나 새로운 것을 배우고 익히는 노력도 잊지 않았다. 또한, 치열하게 공공성을 추구하고자 애썼다. 즉, 본연의 목적에는 충실하되 필요하다면 제도도 바꿔 보려고 하고 현실의 한계를 뛰어넘어 보고자 정형화되지 않은 새로운 시도를 마다하지 않았다.

카리타스보호작업장 시절 보건복지부 사회복지시설평가에서 3년 연속 최우수 및 장애인개발원 직업재활기금사업 평가 최우수 기관으로 선정되는 등 대외적으로 매우 좋은 평가를 받은 것도 결코 우연의 결과가 아니다. 평가의 지표가 가치를 결정짓는 중요한 요소라고 믿는 이상헌 원장의 생각 때문이었다. 종종 평가를 부정적으로 깎아내리는 사람들도 있는데, 이상헌 원장은 기본적인 가치를 잘 묻고 있는 경우가 대부분이라고 생각해서 열심히 임했다. 이상헌 원장은 혹여 잘못된 평가 기준이 있다면 공론화해서 고쳐나갈 일이지 무심하게 넘길 일은 아니라는 견해다. 그 덕분에 카리타스보호작업장은 수년 동안 대외적으로 좋은 평가를 받으며, 궁극적으로는 함께 일하는 구성원들에게 활력을 주고 자긍심을 주는 좋은 기회를 얻게 됐다.

이상헌 원장은 그간의 큰 작업 성과에도 불구하고 아직도 하고 싶은 일이 더 있다. 장애인들이 주인이 되는 협동조합이나 사회적기업이 만들어지고 잘 운영될 수 있도록 돕고 싶다. 이상헌 원장은 "장애인을 대상화하지 말아야 할 것"을 당부한다. 즉, "같이 안아주고 같아 살아가고 함께 어우러져 일할 수 있어야 한다"라는 것이 그의 한결같은 바람이다.

# 이준모

이준모 목사는 1997년부터 인천 해인교회에서 지역사회를 돌보는 사역을 위해 '사단법인 인천내일을여는집'을 설립하고 대표이사를 맡아 지금까지 25년째 노숙인 쉼터, 쪽방상담소, 무료급식소, 푸드뱅크와 마켓, 해인지역아동센터, 가정폭력상담소, 피해자보호시설, 노인 일자리 전문기관인 시니어클럽 등 10개의 사회복지시설을 운영하고 있다. 20여 개 사업에 1,700여 명의 어르신에게 일자리를 제공하고 있는 이준모 목사는 사회복지시설의 규모보다는 운영철학을 더 중요하게 여긴다. 먹을 것이 없는 사람에게는 먹을 것을, 잠자리가 없는 사람에게는 잠자리를, 일자리가 없는 사람에게는 일자리를 원스톱 시스템으로 지원하는 데 초점을 두고 있다.

강원도 춘천이 고향인 이준모 목사는 가족 중 위로 세 명의 목사가 있다. 부모가 모두 순복음 계열의 권사, 안수집사이고, 그도 '춘천 성시화 운동'에 참여한 성령운동파였다. 그래서 신학대학에 진학하려 했지만, 당시 대학에서 관리직으로 일하셨던 아버지는 아들이 목사보다 교수가 되길 원하였다. 서강대 독어독문학과에 진학해 종교학을 부전공하면서 독일 유학을 꿈꿨다. 하지만 운명은 정해졌던 것일까? 당시 정양모 신부에게서 한국기독교장로회를 소개받으면서 길이 달라졌다. 대학을 졸업하고 한신대 신학대학원으로 진학했다.

이준모 목사의 첫 목회지는 1994년 인천 해인교회였다. 목회자도 성도도 없는, 전세자금만 조금 남아 있던 곳에서 새롭게 교회를 일구어야 했다. 그는 '교회는 교회다워야 한다'라는 생각에 신앙의 정체성을 강화하는 일에 착수했다. 성경 공부와 예배, 주일 성수부터 다져갔다. 개척 초기부터 교회의 뼈대를 신앙공동체, 교육공동체, 생활공동체로 세웠다.

1997년 IMF 금융위기 때, 교인들 가운데 실직자가 늘어가면서 매주 수요일 저녁 '실직자를 위한 기도회'를 열었다. 한마음으로 기도하면서 열 가정 중 아홉 가정이 취업하게 되었다. 이준모 목사는 "기도하면 된다"라는 것을 체험하고 내적 힘을 갖게 되면서 시선을 교회 바깥으로 돌렸다. '사단법인 인천내일을여는집'을 시작하는 계기였다. 지금은 노숙인과 독거노인 200여 명이 매일 이곳에서 식사와 생필품을 무료로 해결하고 있다. 인천내일을여는집은 교회가 지역사회를 위해 사회안전망을 확충한 좋은 사례로 인정받아 2014

년 사회복지의 날에 대통령 표창을 받았다.

　이준모 목사는 '기독교사회적기업지원센터'를 설립하여 초교파적으로 운영하고 있다. 이미 그는 노숙인의 일자리를 위해 '사회적기업 도농살림'과 '계양구재활용센터'를 만들어 운영해 본 경험이 있었고, 이 시대의 진정한 복지는 일자리에 달려 있다고 확고하게 믿고 있었기 때문에 가능한 일이었다. 기독교사회적기업지원센터는 매년 12월이면 '몰래 산타 이웃사랑 나눔 행사'를 한다. 지난해 2021년이 만 10년째였다. 한국기독교협의회를 비롯한 교계의 임원들과 지방에서 올라 온 농촌교회 목회자, 개척교회 목회자 등 다양한 이들이 함께 참여하였다. 이날 선물을 받게 된 폐지 줍는 어르신들, 노숙인 쉼터에서 자활한 이들, 가정폭력피해자 보호시설에서 자립한 이들, 쪽방 주민들, 그리고 사회복지사들 모두가 성탄절을 앞두고 매우 뜻깊은 행사를 함께 만들었다.

　'몰래 산타 이웃사랑 나눔 행사'는 사회적기업이 생산한 물품을 선물 세트에 담아 불우이웃 1,200여 가정에 전달한다. 사회적기업이 좋은 물건과 환경친화적인 상품을 생산하지만, 판로가 없어 판매가 어려워지자 이준모 목사가 사회적기업의 판로를 개척해 주기 위해 이 사업을 기획했다. 선물 세트에는 받는 소비자인 가난한 이웃의 형편을 생각해 잡곡, 김, 미역, 다시마, 소금, 유기농 설탕, 위생 도마, 계란, 생활협동조합 라면 등 생필품류와 성탄절임을 고려하여 쿠키, 초콜릿, 커피도 챙겨 담았다. 그러나 무엇보다 더 매력적인 것은 좋은 후원 물품을 보너스로 함께 넣는 것이다. 1년 내

내 좋은 기업들과 연계하여 기독교사회적기업지원센터의 몰래 산타 행사를 알리고, 후원품을 첨가해서 넣기 때문에 실제 선물 세트의 가격은 15만 원에 달한다. 이것을 사회적기업 물품구매 가격인 5만 원만 받고 교회나 사회복지기관에 공급하니 인기가 높다. 납품하는 사회적경제 기업은 10여 개이고, 받는 가정은 매년 1,000가정 이상이며, 지금까지 누적 1만 가정에 이른다. 기독교사회적기업지원센터는 더 많은 사회적기업의 판로를 열고, 더 많은 소외 가정의 행복을 위해 이와 같은 사업을 전국으로 확대하려고 한다.

사회복지를 통한 선교로 사람을 변화시키기가 어렵다는 것을 이준모 목사는 24년의 사역을 통해 통절하게 느꼈다. 어려운 사람의 불편을 해소해 주는 것이 살아가는 데 도움을 줄 수는 있지만, 영적으로 거듭나게 하고 사람을 변화시키는 일은 성령만이 할 수 있다는 것을 깊이 깨닫게 된 것이다. 1년에 30여 회 교육과 간증 집회를 인도하면서 "사회복지 사역을 하는 사람일수록 성령 충만을 간구하고 열망해야 한다"라고 강조하는 것도 이 때문이다.

더불어 그는 기독교계에 전문적인 사회적기업가를 만들어 내는 것에도 관심이 많다. 아마도 일본의 메이지·쇼와 시대의 목사이자 사회운동가인 '가가와 도요히코'를 본보기로 생각하는 것 같다. 기업가에게 있어 가장 중요한 것은 '열정'이라고 말하는 이준모 목사는 전국을 다니며 사회적기업가에 관한 강의를 하고 있다. 사람을 키우는 일이 중요하고, 그게 '예수 운동'이기 때문이다. 작은 예수가 많이 세워지면 세상은 한층 더 희망이 있을 것이다.

# 이혜정

우리는 종종 자식보다 하루 더 살고 싶다는 장애인 부모의 이야기를 접하곤 한다. 헌신적인 부모의 지원 없이는 장애인이 자립해 살아가는 것이 그만큼 힘들기 때문일 것이다. 경기도 성남에는 40명이 넘는 지적장애인에게 일할 기회를 제공하고 경제, 사회, 문화적으로 차별받지 않고 자립할 수 있도록 지원하는 장애인 직업재활시설이자 사회적기업이 있다. 가나안근로복지관이 바로 그 주인공으로, 복지관의 특별한 장애인 사랑은 지난 1999년 시작되어 매년 더욱 새롭고, 즐겁고, 행복한 이야기를 만들어 내고 있다. 그 중심에는 복지관 안팎의 살림살이를 알뜰살뜰 책임지고 있을 뿐 아니라 어떻게 하면 구성원들을 한 번이라도 더 웃게 할까 고심하는 이혜정 관장이 있다.

이혜정 관장은 경제학도였지만 졸업을 앞두고 학과 교수님이 광진구에 있는 '정립회관'이라는 장애인 재활복지관에 행정직 직원으로 추천해 주시면서 장애인과 인연을 맺게 됐다. 다리가 불편했던 교수님은 이혜정 관장 재학시절에 그녀에게 높은 계단을 오르내릴 때마다 자기 가방을 들어달라고 부탁하였고 그녀는 오랫동안 흔쾌히 가방을 들어 드렸다. 이런 성실함에 교수님이 감동하였고, 결국 오늘의 그녀가 있도록 한 계기가 되었다.

이혜정 관장은 적은 월급에도 4년 넘게 정립회관에서 일하면서 사회복지, 특히 장애인복지에 대한 이해를 공고히 해 갔다. 그리곤 지역주민과의 소통도 경험해 봐야겠다는 결심으로 종합사회복지관으로 자리를 옮겼다. 2015년 9월에 다시 장애인기관으로 돌아왔는데, 그곳이 바로 지금의 가나안근로복지관이다. 처음에는 사무국장으로 합류해 일했다. 그러던 중 함께 일하던 복지관 관장이 정년으로 은퇴를 하게 되었고, 그녀는 겁 없이 관장에 자원하고 나섰다. 사무국장 역할을 잘 수행했던 덕분인지 지지자들도 있었지만, 당시 그녀의 나이는 38세로, 경험과 연륜이 충분치 않다는 우려도 컸다. 하지만 가나안근로복지관의 모 법인인 가나안복지재단의 경영진은 그녀를 관장으로 낙점했다. 아마도 만남과 헤어짐의 인연을 소중히 여기는 장애인 구성원들을 위해서는 무엇보다 친숙한 그녀가 적임자라고 판단했던 것 같다. 이혜정 관장은 2019년 1월 가나안근로복지관의 시설장으로 임명됐다. 4년여 동안 사무국장으로 일해 왔던 만큼 익숙할 만도 할 텐데 상황은 전혀 달랐다. 아니, 더

정확하게 표현하자면 무게감이 완전히 달라졌다. 비장애인 직원 18명과 장애인 직원 44명을 합쳐 62명의 급여와 생계, 복지를 모두 책임지는 막중한 자리인데, 당시에는 뭘 잘 몰라서 나설 수 있었다는 생각이 들었다. 복지관 가족들을 먹여 살리기 위해서는 매출에 대한 부담이 가장 컸다. 출장도 잦고 신경 쓸 일도 많아졌다. 그러다 보니 관장직무 초기에는 체력의 한계를 느낄 때나 대표로서의 외로움을 감내해야 할 때, 그리고 나보다 더 잘할 수 있는 사람이 있을 터라는 생각이 들 때면 그만두고 싶다는 생각도 했다. 하지만 복지관 가족들이 그녀에게 매번 오뚝이같이 다시 일어설 힘이 되어 주면서 회복 탄력성을 키울 수 있었다.

장애인 직원들은 매일 이혜정 관장에게 지대한 관심을 보이며 무한한 애정을 듬뿍 준다. 그리고 장애인 직원들의 가족까지 그녀의 든든한 지원군이다. 이혜정 관장의 건강과 안전을 진심으로 염려해 줄 뿐 아니라 기회가 될 때마다 감사와 사랑의 표현을 아끼지 않는다. 그러한 일상이 그녀에게는 가장 큰 보람이고 더 큰 힘을 내게 하는 원동력이다. 그리고 가나안근로복지관 장애인 직원들의 존재는 물론 그들과의 소소한 사연들이 그녀를 울게도, 웃게도, 그리고 어떤 좌절도 가볍게 털고 일어날 수 있게 해 준다. 몇 년 전에는 81년생 장애인 직원이 위암으로 갑자기 사망했다. 통증이 서서히 진행됐을 텐데 제대로 표현을 못 하니 아무도 몰랐다. 사태가 심각해질 대로 심각해져서야 그 직원이 위암임을 알게 됐고 3주 후 그를 떠나보내야 했다. '조금만 더 세심하게 살폈더라면'하는 자책감으로 지금도 가장 후회가 되는 순간이 바로 그때다. 하지만 그 지점에서도 그녀를 다시 세운 것은 장애인 동료들이었다. 동료 직원의 갑작스러운 죽음 앞에 그가 생전에 즐겨 마셨던 아메리카노 커피 한 잔을 사 들고 장례식장을 찾아준 직원, 예를 갖추고자 학생 시절 교복을 차려입고 삐뚤빼뚤 자신의 이름을 적은 부의금 봉투를 수줍게 내미는 직원이 그녀가 힘을 낼 수밖에 없는 이유가 돼 줬다.

이혜정 관장의 꿈은 장애인 직원을 50명까지 채용하는 복지관으로 키우는 것이다. 장애인 직원들에게, 또한 그 가족에게 직장과 월급의 의미가 어떤 엄청난 가치를 가지는지 너무 잘 알기 때문이다. 이혜정 관장이 가장 중요하게 생각하는 가치는 '존재에 대한 존중'이다. 그리고 그녀가 생각하는 사회적 가치, 사회적경제는 거창한 것이 아니다. '주위에 대한 소소한 관심과 실천'이 사회적 가치를 실현하는 시작이고 사회적경제이다. 장애인의 자립도 마찬가지로 특정 기업이나 특정 단체만이 책임지는 것이 아니라 모두가 나서 그들이 할 수 있는 일을 만들어 나누어 줄 수 있었으면 하는 바람이다. 이혜정 관장은 비교적 젊은 나이에 사회적경제 조직의 대표라는 막중한 자리에 올라 때론 노심초사하고 힘들 때도 있었지만, 가나안근로복지관 직원들과 함께여서 너무 행복하다. 가족 이상으로 복지관 직원들을 사랑하는 그녀는 지금처럼 그들을 위한 든든한 우산을 들고 나이가 들고 싶다. 그녀의 제언처럼 모두가 주변을 돌아보며 남을 배려하는 작은 실천에 나선다면 나와 너, 우리 사회는 더욱 따뜻하고 살만해질 것이다.

## 장명찬

정신적 어려움을 갖고 지역사회에서 살아가고 있는 사람들의 회복과 재활을 지원하는 정신 재활시설인 '마음샘정신재활센터'의 장명찬 원장은 병원에서 의료사회복지사(현 정신건강 사회복지사)로 근무했다. 그때 당시에 입원과 퇴원을 반복하는 정신질환 당사자들에 대한 궁금증과 함께 마음이 너무 아팠다. '분명 치료가 끝나 퇴원했는데, 어떤 이유로 일상생활에 적응하지 못하고 다시 병원으로 돌아오는지' 알고 싶었다. 또한, 입원과 퇴원을 반복하며 자신을 점점 더 감추려 하고 사람을 쉽게 신뢰하지 못하는 환자를 보며 안타까웠다. 특히, 타인에 의해 강제 입원하는 환자를 마주할 때면, 그리고 기회만 되면 가족 품으로 돌아가고 싶어 탈출을 시도하는 환자를 볼 때면 더 슬펐다. '누구나 마땅히 존중받아야 하는 소중한 존재'라는 생각과 함께 '정신질환이 있었더라도 가정, 더 나아가서는 지역사회 속에서 일상의 삶을 지속할 수 있었으면'하는 바람 때문이었다.

그런데 이런 장명찬 원장의 고민을 해결할 수 있는 기회가 곧 생겼다. 1995년 경기도 수원시에서 지역정신보건 사업을 시작하기로 한 것이다. 당시 잘 알고 지내던 정신과 의사 한 분과 대학원 은사가 관련 사업을 함께 해 보자고 권유했다. 이후 지역정신보건 사업을 위탁받은 병원 소속으로 안정적인 환경에서 정신장애 당사자들과 함께 일하면서 장명찬 원장은 그들이 지역정신보건 사업을 통해 위로받고 있을 뿐 아니라 회복 과정에도 실질적인 도움을 받고 있다는 사실을 확인하게 됐다. 또한, 정신장애 당사자들로부터 "지역사회에서 일해 보고 싶다. 그리고 용돈뿐 아니라 돈을 벌어서 부모님께 선물도 해 주고 싶다" 등 그들의 속내를 들을 수 있었다. 이에 그들과 일상에서 더 많은 시간을 함께하며, 사회복귀를 도와주는 차별화된 사회복귀 시설을 만들어 보자 마음먹었다. 그리고 1999년 선배가 운영하던 복지관의 3평 반짜리 공간을 빌어 두 명의 정신장애 당사자와 무모한 독립을 시작했다.

장명찬 원장은 당시 책상 하나 겨우 둘 수 있는 작은 공간이었지만 마냥 감사했다. 운영을 위해 많은 돈이 필요했다. 그리고 장애 직업재활 초기 사업으로 근로 보호 작업을 주로 했는데 제한된 자원으로 납품일을 맞춰야 하는 것도 큰 과제였다. 하지만 지인 후원은 물론 1,000원, 5,000원씩 후원하는 개미후원자들의 도움이 있었다. 또한, 일손이 필요한 경우 기꺼이 밤샘 작업에 함께 해 주는 학생자원봉사자들 덕분으로 마음샘정신재활센터는 어려운 시간을 행복하게 견뎌냈다.

오늘날 마음샘정신재활센터를 이용하는 정신장애 당사자들은 120명에 달한다. 그리고 이들 중 70명 이상이 지역사회 직장에서 잘 안착해서 일하고 있다. 장명찬 원장에게 정신장애 당사자는 소비자(Consumer)다. 마음샘정신재활센터가 제공하는 각종 서비스를 정신장애 당사자들이 유용하지 않다거나 불필요하다고 생각한다면 자신뿐 아니라 센터 역시도 존재 이유가 없다고 생각하기 때문이다. 이런 철학 때문에 장 원장은 매일매일 정신장애 당사자들을 위해 힘을 낼 뿐 아니라 새로운 아이디어를 내며, 혁신을 꿈꾼다. 또한, 그들이 베풀어 주는 특별한 사랑과 격려가 그에게 큰 동력을 준다.

장명찬 원장은 센터가 어느 정도 자리를 잡자 정신장애 당사자들에게 바리스타 교육을 하고 커피숍을 열어 운영을 시작했다. 정신장애 당사자들이 비장애인들 앞에 나서는 것을 가장 어렵게 생각할 것으로 판단, 이를 극복할 수 있도록 돕는 좋은 기회가 될 것이라는 확신 때문이었다. 그리고 음료를 주문받아 제공하기까지 자연스럽게 사람들과 관계를 유지해야 하는 과정을 통해 기대 이상의 성과를 거뒀다. 비장애인과 자연스럽게 어울리는 경험과 함께 동료와의 관계를 통해 자신감을 느끼기 시작했다. 또한, 바리스타 자격증을 가진 전문가라는 자부심까지 품게 되면서 성공적인 사회복귀로 이어졌다.

장명찬 원장은 마음샘정신재활센터가 있는 지역민들에게 특별히 감사하다. 정신장애 당사자들을 잘 받아들여 주고 격려해 주고 있기 때문이다. 일부러 커뮤니티 카페를 찾아 직원으로 일하고 있는 정신장애 당사자들을 독려하는 지역민들 말 한마디에 그들은 더욱더 신이나 일에 몰두한다. 하지만 여전히 정신장애 당사자들에 대해 부정적으로 인식하고 있는 사람들이 많은 것 또한 우리 현실이다.

장명찬 원장은 정신장애 당사자들을 특별히 대우하지 말아 달라고 당부한다. 함께 있어 주고, 함께 어울려 달라는 것이다. 마음샘정신재활센터만 해도 정신장애 당사자들이 주축이 되어 음악회, 낭독회 등 지역사회에서 다양한 문화 활동을 전개하고 있다. 그런 자리에 함께 참여하여 정신장애 당사자들의 이야기에 귀 기울이며, 그들과 함께하는 기회를 늘려간다면 서로를 더 잘 이해하며 공존할 수 있을 것이기 때문이다. 장명찬 원장은 "선진국에서는 정신장애를 하나의 강점으로 인식하기도 한다. 특히, 예술 분야에서 더욱 그렇다."라며 앞으로는 기회가 된다면 관련한 사회 운동도 활발하게 전개해 보고 싶다는 소망을 내비쳤다.

장명찬 원장이 인생에서 가장 중요하게 생각하는 가치는 '존중과 배려'다. 그리고 그가 생각하는 사회적 가치, 사회적경제는 사람 중심의 경제다. 즉, 옆에 있는 사람을 돌아보는 것이다. 그러면서 "여유가 있어야 주변을 볼 수 있는 것이 아니라 주변을 보면 여유가 생긴다."라고 강조한다. 장명찬 원장은 끊임없이 주변을 바라보기에 정신장애 당사자들의 작은 변화에도 그 속에서 숨겨진 가치를 찾아 특별한 해법을 제시하며 센터를 성장시켜 온 듯 보였다. 또한, 그 과정에서 그 자신 역시도 여유롭고 행복한 일상을 만끽하고 있는 듯 보였다.

## 정순진

"어릴 때는 이름 때문에 '안순진'이라는 별명으로 놀림을 많이 받았어요. 하지만 어른이 되고 나니 만나는 사람마다 기억을 잘해 줄 뿐 아니라 계속 사람들로부터 '순진'이라 불리다 보니 오히려 옛 날보다 더 순진해지는 것 같아 제 이름을 좋아하게 됐어요."라며 자 신을 소개하는 닥터K 정순진 대표는 초보 사회적경제 기업인이다.

정 대표는 줄곧 공인회계사, 공기업, 국정원, 군무원 등의 시험 을 준비하는 학생들을 대상으로 경영학, 회계학, 재무관리, 경제학 강의를 해 왔다. 또 직접 학원을 차려 경영을 하기도 했었다. 하지 만 나이가 들면서 언제까지 강의를 지속할 수 있을까 생각이 들기 시작하며, 새롭게 관심을 가진 영역이 '사회적경제'다. 신앙적인 신 념 덕분에 '낮아지는 삶', '없는 사람들과 함께하는 삶'에 관심이 많앞던 터라 경제활동과의 접목을 통해 공존을 지속하고자 하는 사회적경제가 참 좋았다. 그래서 열심히 공부할 기회를 찾기 시작했다. 그게 불과 2~3년 전의 일이다.

정순진 대표는 1년 정도는 생업도 포기한 채 여러 곳의 교육기관을 찾아다니며 사회적경제에 대한 기본기를 다졌다. 또한, 공정무역에 대해서도 새롭게 배우고 익혀 성북구의 공정무역 사업을 위탁받아 진행도 했다. 그리고 그 과정에서 덜컥 '닥터K'란 회사를 설립했다. 아직은 1인 기업이지만 정 대표가 닥터K를 통해 펼치고 싶은 사업은 명확하다. 첫 번째는 정 대표 개인의 경험과 역량을 바탕으로 사회적경제 기업에게 재무회계 컨설팅을 무상으로 제공하는 것이다. 그리고 두 번째는 공정무역 확산을 돕기 위한 공정무역 유통 컨설팅 사업이다. 정 대표의 애초 계획은 뜻을 함께할 수 있는 사람들을 모아 사업을 시작하는 것이었다. 하지만 공정무역 컨설팅 과정에 법인의 필요성이 대두되며 회사 설립을 먼저 서둘렀다.

정순진 대표는 순서는 바뀌었지만, 닥터K를 주식회사로 전환하는 동시에 뜻을 같이할 수 있는 동지들을 계속 모아 목표했던 사업을 확대해 나갈 계획이다. 특히, 재무회계 관련해서는 전문지식이 부족한 사회적경제 기업이 언제라도 부담 없이 찾아 도움을 청할 수 있도록 '가까운 이웃' 같은 존재가 되어 주고 싶다.

비록 사회적경제 분야에 몸담은 지 얼마 되지 않았지만, 동지를 만나는 게 얼마나 힘든 일인지를 정 대표는 안다. 실제로 많은 사람이 처음 관심을 가졌더라도 지속성이 부족할 뿐 아니라 깊게는 관여하지 않으려는 경향도 많았다. 그런데 공정무역 학습 과정에서 알게 된 지인의 추천으로 인연을 맺은 재미난청춘세상은 전혀 달랐다는 게 그의 평가다.

주인장 한 사람의 희생을 통해 전적으로 운영되는 것도, 양적 평가보다는 참가자들이 진정한 사회적경제 정신을 키울 수 있도록 돕는 데 역점을 두고 있는 점도 기존에 경험했던 여느 사회적경제 교육과는 차이가 있었다. 그리고 주인장의 희생정신이 전파되고 있어서인지 재미난청춘세상 사람들은 어떤 일이든 서로 적극적으로 참여하고 도움을 주려고 한다. 이에 정 대표는 재미난청춘세상을 통해 사회적경제를 더욱 심도 있게 그리고 지속해서 공부해 나갈 뿐 아니라 10년 이상 함께할 수 있는 좋은 동지도 찾아, 더 다양한 일을 펼쳐가고 싶다.

    1994년부터 2013년까지 19년 동안 그룹홈(공동생활가정)을 만들고 탈가정 청소년의 가족으로 살았다. 그리고 그 과정에서 청소년을 깊이 이해하고 사랑하고, 존중하며 그들에게 필요한 일이라 판단되면 하는 일도 늘려갔다. 이렇게 돌봄이 필요한 8명의 청소년과 밥과 잠자리 나눔으로 시작한 그룹홈이 오늘날 서울지부, 경기지부, 전북지부는 물론 탄자니아, 네팔, 몽고 지역을 커버하는 해외지부까지 둔 사단법인 들꽃청소년세상으로 발전했다. 또한, 처음에는 청소년의 생존권과 발달권 보장을 위해서만 힘을 쏟았다면 이제는 청소년의 참여권 보장을 위해서도 다양한 활동을 펼치고 있다. 그런데도 남편인 김현수 이사장과 함께 들꽃청소년세상을 이끄는 조순실 대표는 "내가 특별히 한 게 없다." "곁에 있어 줬을 뿐이다."

"각 지부의 센터장과 실무자들이 한 일이다." "우리 청소년들이 힘이 있다."라고 말한다.

1994년 어느 여름날 새벽, 남편인 김현수 목사가 운영하는 반지하 교회에 가니 여덟 명의 아이들이 뒤엉켜 자고 있었다. 그래서 아침밥을 지어 먹여 보냈다. 그런데 그 이후에도 아이들은 계속 교회를 찾았다. 겨우 11살부터 14살 난 아이들이었다. 집으로 돌려보내야 한다는 생각으로 아이들의 각 가정을 방문했다. 하지만 그 어린 나이에도 집을 나와 방황해야 하는 나름의 안타까운 사연들이 있었다. 정부기관도 방문해서 도울 방안을 모색해 봤지만 뾰족한 해결책을 찾을 수 없었다. 어쩔 수 없이 무작정 '함께 살기'로 했다. 당시는 그룹홈이란 개념조차 몰랐지만, 가정을 대체할 수 있는 가능한 시스템을 갖추는 것이 중요하다고 판단해서 주변에 뜻을 함께할 수 있는 사람들과 아이들을 나누어 돌보기 시작했다. 그렇게 조순실 대표는 2013년까지 19년 동안 300여 명의 탈가정 청소년의 가족이 되어 살았다.

탈가정 청소년과 살기 시작하고 첫 2년이 가장 힘들었다. 연이은 사건과 사고 속에서 울기도 많이 울었다. 함께 사는 아이들은 아니더라도 약물 하다 옥상에서 뛰어내리고 가스 흡입으로 폐가 팽창해 사망하는 청소년을 마주해야 했다. 또한, 어느 날은 그룹홈의 중학교 청소년이 귀갓길에 고교생들에게 폭행당해 목숨을 잃은 사건도 수습해야 했다. 참 예쁘고 똑똑한 학생이었는데 마음이 너무 아팠다. 당시 "내일은 또 무슨 일이 일어날까?" 두려웠다. 무지해서 용감한 결단을 했다는 생각이 들었다. 그런데도 청소년들이 밉지 않았고, 지금 하는 일을 그만두고 싶다는 생각은 들지 않았다. 청소년을 전혀 모르는 사람이었는데, 하느님이 좋은 마음을 주셨는지 늘 청소년들의 '안전'이 가장 큰 걱정거리였다. 크고 작은 사건을 겪으며 마음이 아주 단단해졌다. 그리고 이후 감사하게도 들꽃청소년세상은 크고 작은 다양한 프로그램을 안전하게 진행하며 지경을 넓힐 수 있었다.

들꽃청소년세상이 처음 터를 다진 곳은 경기도 안산이다. 덕분에 안산에는 들꽃청소년세상이 운영하는 그룹홈만 7개다. 하지만 청소년에게 더 좋은 경험과 영향을 주고 싶기도 하고 거리의 청소년이 아직 너무 많다는 판단에 2007년에 서울시 관악구 난곡에 서울지부를 설립하고 들꽃청소년연구소도 개소했다. 이후 서울지부는 2개의 그룹홈은 물론 쉼터 보호 종료 및 거리 청소년을 위한 '관악들꽃청소년자립지원관'과 '관악교육복지센터', '아담스지역아동센터', '움직이는청소년센터 엑시트'까지 다양한 사업을 운영해 왔다. 2015년에는 전라북도 군산에 전북지부를 설립하고 청소년자치연구소인 '달그락달그락'을 개소해 청소년 자치활동 지원까지 활발하게 전개하고 있다. 그리고 생존권과 발달권 보호를 넘어 참여권 지원을 통해 청소년이 저마다 주도적인 삶을 준비할 수 있도록 돕고 있다. 조순실 대표는 "우리 청소년들이 너무 훌륭하다. 특별히 해 준 것이 없는데도 자신들의 삶의 경험으로부터 배우고 성장한다."라고 강조한다. 그리고 그런 청소년들 곁에서 머물며 지경을 넓혀 올 수 있었음을 감사해한다.

조순실 대표가 탈가정 청소년과 함께 살기로 했을 때는 그녀의 자녀가 초등학교 5학년 때다. 목사인 남편과는 같은 뜻을 품었으니 이견이 없었겠지만 한창 예민할 수 있는 나이의 딸 아이는 달랐을 터였다. 자기 부모는 물론 자신의 공간을 탈가정 친구들과 나눠야 하는 상황을 선뜻 받아들이기 힘들었을 것이다. 그때 정성껏 딸 아이의 마음을 다독여준 것은 아이의 담임 선생님이었다. 그리고 매년 어린이날이면 탈가정 아이들과의 체험 행사로 인해 바빴던 부모를 대신해 딸 아이와 함께해 준 것은 아이의 친구들이었다. 조순실 대표는 그때 "자식은 사회가 함께 키우는 것"이란 사실을 실감했다. 그리고 어려울 수도 있었던 어린 시절을 '공동체의 삶'으로 의미 있게 재해석하고 수용하며 성장한 딸이 너무 감사하다.

조순실 대표가 생각하는 사회적경제, 사회적 가치는 "높은 산을 깎아서 골짜기를 메우는 것"이다. 많이 가진 사람들은 가진 것을 기꺼이 나누고 도움이 필요한 사람들은 존엄성을 다치지 않으면서 더욱 손쉽게 수혜를 누릴 수 있는 세상이다. 그런 의미에서 "청소년이 행복하면 세상이 밝아진다."라는 뜻을 가지고 청소년이 자기 세계를 꽃피워 나갈 수 있도록 기꺼이 '넓은 마당'을 제공하고 있는 들꽃청소년세상이야 말로 진정한 의미의 사회적경제 실천장이지 않을까 싶다. 베어버리자니 풀 아닌 게 없지만, 두고 보자니 모두가 꽃이었다.

어느 날 우연히 교회에 피신 온 8명의 중국 교포를 외면할 수 없어 이주노동자 운동을 시작했다. 그리고 다시 어느 날, 몇몇 네팔인이 한국에서 일하다 사고를 당한 네팔 이주노동자를 도와 달라고 찾아와 공정무역 커피를 취급하는 '트립티'를 설립하고 사회적기업의 대표가 됐다.

커피 로스터, 바리스타, 운전기사는 물론 심부름꾼 역할까지 온갖 업무를 마다하지 않고 앞장서 하는 사회적기업 트립티의 최정의팔 대표의 이야기다. 그는 자신의 인생을 성경 속 '구레네 시몬'에 비유했다. 로마 병정의 갑작스러운 요청에 예수의 십자가를 대신 졌던 구레네 시몬과 같이 '아주 우연한 기회'를 통해 이주민들과 함께하는 삶이 시작됐다는 것이다.

최정의팔 대표는 1973년 신문사에 입사해 10년 동안은 기자로 일했다. 이후 독일에서 신학을 공부하고 목사로 교회에 재직하던 중 우연히 찾아와 도움을 청하는 중국 교포들을 계기로 1996년 이주노동자 운동을 시작, 2003년에는 이주노동자의 노동 3권을 보장하는 법을 만드는 데 크게 이바지했다. 그리고 다시 우연히 찾아온 네팔 이주노동자들 덕분에 '커피 전문가'로, 사회적기업의 대표로 변신했다. 한국에 와서 크고 작은 사고로 눈을 잃거나 팔이 잘린 이주노동자를 모른 체할 수 없어 처음에는 그들을 위한 쉼터를 열었다. 그리고 강제 추방 위기에 직면한 그들이 본국으로 귀국해서 행복한 일상을 살 수 있도록 자립 방안을 모색하던 중 60이 넘은 늦은 나이에 직접 커피 로스팅을 배워 가르치기 시작하다 공정무역 사업에까지 뛰어들게 됐다.

이주노동자들이 한국에서 평등한 삶을 살아갈 수 있도록 함께 울고 웃으며 "과연 이주노동자들이 한국에서 행복한가?"에 대한 고민을 떨칠 수 없었기 때문이다. 이주노동자들이 돈을 벌기 위해 한국에 와 있는 동안 본국에서는 아이들이 버려지고 가정이 파괴되는 경우가 잦다는 게 그의 설명이다. 이에 최정의팔 대표는 궁극적으로는 이주노동자들의 본국이 잘 살 수 있게 도움으로써 이주노동자 없는 세상을 실현하고 싶다.

2009년 최정의팔 대표가 설립한 '트립티'는 산스크리스트어로 '참 좋다!' '맛있다!'란 뜻이다. 트립티의 비전은 '국경을 넘어 모두에게 행복한 이웃이 되어 주는 것'이다. 이를 위해 트립티는 생산자에게 정당한 가격을 제공하는 공정무역 원두만을 사용할 뿐 아니라 공정무역 커피 사업을 통해 이주민, 장애인, 청소년 등 취약계층에 지속적이고 안정적인 일자리를 제공한다. 또한, 네팔을 중심으로 태국, 베트남의 자립을 돕기 위한 다양한 활동을 전개하고 있다.

하지만 예기치 못했던 코로나가 트립티에게도 큰 타격을 줬다. 개업 일주일 만에 폐업하는 매장도 생겼다. 그리고 100여 개 호텔에 공정무역 커피를 공급해 보겠다는 큰 목표를 가지고 오픈했던 인천 하버파크호텔 트립티도 작년 5월에 문을 닫았다. 더욱 안타까운 일은 지난 2016년 커피 묘목을 심어주며, 성장을 함께 도모해 나가기로 굳은 약속을 했던 네팔이다. 자주 오갈 수 없게 되면서 많은 계획이 멈춰진 것이다. 커피 기계도 가져다주고 직접 만나 생두 볶는 법, 커피 잎 차 만드는 법 등을 가르치며 할 일이 많은데 말이다.

하지만 최정의팔 대표는 잘 되리라 굳게 믿고 있다. 또한 "위기는 없다."라는 생각과 함께 한쪽 문이 닫히면 또 다른 한쪽 문이 열릴 것이란 신념하에 자기 성찰을 통해 끊임없이 새로운 기회를 모색하고 있다.

그는 코로나 여파에 그나마 집이 있어 다행이라 여기며 담보 대출과 신용 대출로 급한 위기를 모면했다. 그리고 빚을 갚기 위해 다시 새로운 성장 기회를 적극적으로 찾고 있다. 대방역 3번 출구 앞 스페이스 살림 1층과 2층에 트립티 대방점을 크게 오픈한 것도 그 때문이다. 경제적인 여력이 있어서라기보다는 빚을 갚아야 해서 사업을 확장한 것이다. 하지만 진짜 속내는 한 가족과 다름없는 직원들에게 지속해서 안정적인 일자리를 제공하기 위해서다. 또한 언제든 네팔 등 세계 각국의 이웃들과 한 약속을 지키고 싶어서다.

우연을 계기로 인생의 절반 이상을 이주노동자들과 함께해 온 최정의팔 대표는 이주노동자들이 과거와 비교하면 우리 법의 보호를 받을 수 있게 되는 등 많이 개선된 것이 사실이지만 아직도 부족하다고 지적한다. 취업 이후 장소 이동을 불허하는 등 아직 제약이 많다. 이주노동자에 대해 다른 비판적인 견해도 있지만, 누구나 인간으로서 존중받으며 살 수 있도록 보호해 줘야 한다.

최정의팔 대표는 "미국의 트럼프 대통령이 강경한 이민정책을 펼 때 우리나라 역시도 비난의 여론이 높았다. 하지만 우리 문제가 되면 다른 견해와 잣대를 들이댄다."라며, 한국 사회가 더 도덕적이고 성숙한 사회가 돼야 한다고 강조한다.

또한, 그는 대부분 사람이 '사회적 가치'라고 하면 공공의 복리, 행복을 얘기하며 경제적 혜택에만 중점을 두는 것에 대해 경계해야 한다고 지적한다. "경제적으로 풍요로우면 모두 행복한가?"는 다른 문제이다. 어떤 경제적인 혜택도 상대적인 박탈감 없이 누릴 수 있도록 배려를 해야 한다. 최정의팔 대표가 생각하는 "진정한 사랑은 우산을 건네주기만 하는 것이 아니라 쏟아지는 비를 함께 맞으며 날이 개길 함께 기다려 주는 것"이다.

그런 생각 때문인지 그는 그간 자신이 큰일을 했다고도, 크게 고생했다고도 생각하지 않는다. 다만, 이주노동자와 함께하는 일이 행복해서 2022년에도 라오스에 트립티 카페를 오픈하고, 제주공정무역센터를 설립하는 등 필요한 일을 찾아 쉴새 없이 길을 가고 있을 뿐이다.

# 최중석

 최중석 교수가 사회적경제와 첫 인연을 맺은 것은 잘 다니던 회사를 그만두고 경영컨설팅 회사를 직접 운영할 때였다. 2000년대 초 지역자활센터로부터 지역자활사업 컨설팅을 의뢰받은 인연이 결국은 일반 기업체 대상의 경영컨설팅 업무는 중도에 포기하도록 했다. 시간도, 역량도 부족한데 한 곳에 노력을 집중하는 것이 좋겠다는 판단 때문이었다. 하지만 굳이 그 선택지가 불모지와 같았던 사회적경제 분야였던 것은 모종의 사명감을 느꼈기 때문이었을 것이다. 이후 2019년에는 국내외의 수많은 사회적경제 문헌을 탐독하면서 얻은 지식과 한국을 포함하여 세계 각국의 사회적경제 기업과 지역공동체를 직접 방문해 탐구한 경험을 바탕으로 '사회적경제학' 책을 펴내기도 하는 등 사회적경제 분야에서 다양한 연구를 멈추지 않고 있다. 결국 돈 버는 것과는 다소 인연이 먼, 그리고 여전히 할 일 많은 영역에서 연구자의 삶을 고집하고 있는 셈이다. 그런데도 단 한 번 후회한 적도, 그만두고 싶다고 생각해 본 적도 없다. 다만, 사회적경제의 역사가 짧은 만큼 연구할 게 너무 많아 맘껏 놀고 싶은데, 그러지 못하는 건 못내 아쉽고 어려운 대목이다. 할 수만 있다면 노래하고 기타, 드럼 등의 악기를 즐기며 마냥 놀고만 싶다. 하지만 말뿐인 듯 그의 간절한 바람은 사회적경제를 위한 실제적인 실천 전략 및 방법론에 관한 연구가 더욱 활발하게 이뤄져 사회적경제 현장에 힘을 더 실어 줄 수 있는 여건이 마련됐으면 하는 것이다.

최중석 교수는 가장 보람이 있는 일로 재미난청춘세상에서 중장년 퇴직자와 청년 구직자들을 대상으로 사회적경제 교육을 진행하는 여정을 꼽았다. 대부분의 사회적경제 관련 교육이 단기간에 속성으로 진행되고 있는 것이 현실인데, 재미난청춘세상은 충분한 시간을 두고 사회적경제 교육을 진행하는 덕분에 교육생들이 서서히 변화하는 모습은 물론 구체적인 성과도 직접 확인할 수 있어 보람이 크기 때문이다. 최중석 교수가 생각하는 사회적경제는 사회적 목적을 실천하는 경제다. 사회적 약자, 소외계층을 가장 우선시하며 궁극적으로는 사람의 행복을 추구하는 것이 최고의 목적인 경제다. 이런 사회적경제가 대안경제를 넘어 새로운 경제체제로 자리매김할 수 있도록 그는 좀 더 깊이 있고 체계적인 연구를 계속해 나갈 계획이다.

최중석 교수는 사회적경제 확산을 꿈꾸며 자신의 모든 연구성과물을 아무런 대가 없이 공유한다. 교육 중에는 사회적경제 현장 속 왜곡된 현실에 대한 지적이 불거질 때마다 '원칙과 본질'을 강조한다. 아마도 그는 사회적경제인이 척박한 현실 속에서 지표로 삼을 수 있는 '원칙과 본질'을 세우기 위해 노는 걸 그렇게 좋아하면서도 어제도, 오늘도 연구 활동을 하고 그 성과물을 확산하는 데 매진하고 있는 것 같다.

인간은 누구나 태어날 때부터 착한 성품을 지니고 있어 본래 선량한 존재라고 저는 믿고 있습니다. 인간은 또한 약한 존재이기에 자신의 욕심에 무릎을 꿇고 주변 상황에 휘둘리며 체면을 차리느라 자신도 모르는 사이에 인간으로서 해야 할 도리에 어긋나는 일을 예사로이 저지르는 것도 사실입니다.

인간은 걸핏하면 자기중심적인 발상으로 행동을 하거나, 자칫 겸손을 잊고 거만하게 굴기도 합니다. 타인을 시기하거나 원망을 품기도 합니다. 하지만 이처럼 비뚤어진 마음으로는 올바르게 판단할 수가 없습니다. 우리는 자신에게 유리한 판단이 아니라, 인간으로서 보편적으로 올바른 판단을 내리기 위해 노력해야 합니다.

'선한 생각'을 지니면 운명이 호전되는 이유는, 다른 사람을 돕는 착한 마음이 우주의 법칙에 꼭 들어맞기 때문일 것입니다. 우주에는 모든 것을 성장하고 발전하게 하는 자연의 힘이 흐르고 있습니다. 이를 '우주의 법칙'이라고도 합니다.

우주의 법칙에 순행하느냐 역행하느냐에 따라 인간의 운명이 결정됩니다. 나만 잘되면 된다는 비뚤어진 사고는 우주의 법칙을 거스르므로 운명이 절대로 호전되지 않습니다.

한편, 모두 발전하기를 바라는 고운 심성은 우주의 법칙과 일치하므로 근사한 운명이 펼쳐질 것입니다.

모든 삼라만상을 생성하고 발전시키는 의지가 흐르고 있는 우주 속에서 그 흐름에 순행하고 겸허하고 성실하며 배려심이 넘치는 고운 마음으로 일과 인생에 몰두한다면 훌륭한 성과가 찾아올 것입니다. 반면에 자신만을 생각하여 다른 사람을 밀어내고서라도 자신만 성공하기를 바라는 우주의 흐름에 역행하는 행위를 계속한다면 분명 인생은 막다른 궁지로 몰리고 말 것입니다.

"인간의 목표는 풍부하게 소유하는 것이 아니고, 풍성하게 존재하는 것이다."라는 법정 스님의 말씀처럼 우리 사회를 위한 '선한 생각'을 토대로 한 사고와 철학을 지니고 실천해야 꾸준한 성공을 거둘 수 있습니다.

제가 여러분을 '더불어 행복한 사회를 위한 사람 중심의 경제'인 사회적경제에 초대하는 이유입니다.